Henry Bueno

Divinas enseñanzas sobre la oración como procesos de comunicación

AF535359

Henry Bueno

Divinas enseñanzas sobre la oración como procesos de comunicación

CREDO EDICIONES

Imprint

Any brand names and product names mentioned in this book are subject to trademark, brand or patent protection and are trademarks or registered trademarks of their respective holders. The use of brand names, product names, common names, trade names, product descriptions etc. even without a particular marking in this work is in no way to be construed to mean that such names may be regarded as unrestricted in respect of trademark and brand protection legislation and could thus be used by anyone.

Cover image: www.ingimage.com

Publisher:
CREDO EDICIONES
is a trademark of
Dodo Books Indian Ocean Ltd. and OmniScriptum S.R.L publishing group

120 High Road, East Finchley, London, N2 9ED, United Kingdom
Str. Armeneasca 28/1, office 1, Chisinau MD-2012, Republic of Moldova, Europe
Printed at: see last page
ISBN: 978-613-5-60764-2

Copyright © Henry Bueno
Copyright © 2023 Dodo Books Indian Ocean Ltd. and OmniScriptum S.R.L publishing group

DIVINAS ENSEÑANZAS: SOBRE LA ORACIÒN, COMO PROCESO DE COMUNICACIÒN

Henry Wilder Bueno Orellana

2023

INDICE

Hacia un nuevo esquema de comunicación

Comunicación en la internet

La **comunicación** (del latín *communicatio, -ōnis.*[1]) es la acción consciente de intercambiar información entre dos o más participantes con el fin de transmitir o recibir información u opiniones distintas.[2] Los pasos básicos de la comunicación son la formación de una intención de comunicar, la composición del mensaje, la codificación del mensaje, la transmisión de la señal, la recepción de la señal, la decodificación del mensaje y finalmente, la interpretación del mensaje por parte de un receptor.

La comunicación en general toma lugar entre tres categorías de sujetos principales: los seres humanos (lenguaje), los organismos vivos (biosemiótica) y los dispositivos de comunicación habilitados (cibernética).

En un sentido general, la comunicación es la interacción verbal, el contacto con otros seres, y se puede definir como el proceso mediante el cual se transmite una información de un punto a otro.[3]

Su propósito u objetivo se puede denominar bajo la acción de informar, generar acciones, crear un entendimiento o transmitir cierta idea. Los comunicadores tienen como función entregar información verídica y confirmada por más de tres fuentes.

Índice

Formas de comunicación más importantes[editar]

Dependiendo de las clases de signos que se emplee, se diferencia la comunicación no verbal y la comunicación verbal.[4]

En muchas ocasiones los signos verbales y los signos no verbales se combinan en un mensaje, dando lugar a formas mixtas de comunicación. Un ejemplo sería un anuncio publicitario, el cine o un cómic.

Si se atiende a la relación que se establece entre emisor y receptor, se diferencia una comunicación unilateral y otra comunicación bilateral.

La comunicación unilateral se produce cuando el receptor no se convierte en emisor. Sucede en las señales de tráfico. La comunicación bilateral se produce cuando el receptor se puede convertir a su vez en emisor. Sucede en una conversación.

Comunicación no verbal[editar]

Artículo principal: Comunicación no verbal

La comunicación no verbal consiste en transmitir significados en la forma de mensajes no verbales. Se utilizan signos no lingüísticos. Ejemplos de comunicación no verbal incluyen los gestos, las expresiones faciales, la expresión corporal, el contacto visual, la manera de vestir, la háptica (comunicación por medio del tacto), la cronémica (significado del tiempo en la comunicación) y la kinésica (lenguaje corporal), entre otros. La misma comunicación oral contiene elementos no verbales como la paralingüística (elementos no verbales que acompañan a la lingüística, por ejemplo tonos de sorpresa, interés, desinterés, miedo, cansancio, insinuaciones, etc.) Según estudios, el 55 % de la comunicación humana se da por medio de expresiones faciales no verbales y un 38 % por medio del paralenguaje.[5] Esto incluye la misma comunicación escrita en la cual es posible determinar sentidos en el estilo de escritura, la distribución de espacios entre palabras y el uso de emoticonos para transmitir emociones. En este sentido, para transmitir un mensaje se emplean colores, como la marca azul y roja de los grifos, sonidos, como la sirena de una ambulancia, y gestos, como el guiño de un ojo.

Algunos de los propósitos de la comunicación no verbal[6] incluyen la complementación e ilustración del mensaje para *reforzar* o *enfatizarlo*, *reemplazar* o *sustituir*, *controlar* o *regular* e incluso *contradecir*. Esto le da una gran importancia a la comunicación no verbal porque contribuye a reforzar las ideas y propósitos del emisor y ayuda al receptor a una mejor decodificación del mensaje que recibe.

Comunicación verbal[editar]

Artículo principal: Comunicación verbal

La comunicación verbal o comunicación lingüística es aquella que utiliza las palabras como signos. No puede ser aislada de una serie de factores para que sea efectiva, lo que incluye la comunicación no verbal, las habilidades de escucha y la clarificación. El lenguaje humano puede ser definido como un sistema de símbolos o signos lingüísticos, conocidos como lexemas y reglas gramaticales en los cuales los símbolos son manipulados. La palabra "lenguaje" se refiere además a las propiedades comunes del mismo. Con estos signos se representan los objetos y hechos de la realidad, y uniéndolos mediante las reglas de la gramática se construyen mensajes complejos, es decir, las oraciones, con las cuales se representan pensamientos. En el caso de que dos personas hablen el mismo idioma, reconocerán los signos que cada uno pronuncia, y su significado, de tal manera que evocará en la mente un pensamiento o una idea que es la que se querrá transmitir.

El aprendizaje de este ocurre normalmente y de manera intensa durante los años de la niñez humana. La mayoría de los idiomas en el mundo utilizan sonidos y gestos como símbolos que posibilitan la **comunicación** con otros lenguajes, los que tienden a compartir ciertas propiedades, aunque existen excepciones. No existe una línea definida entrc un lenguaje o idioma y un dialecto. Lenguas construidas como el esperanto, el lenguaje de programación y varios formalismos matemáticos, no están necesariamente restringidos por las propiedades compartidas por el lenguaje humano.

Fundamentalmente la comunicación verbal es oral, utilizando palabras pronunciadas con la voz. También puede ser escrita. En la escritura se transforman los sonidos en letras, y las palabras pronunciadas en palabras gráficas.

Comunicación escrita[editar]

Artículo principal: Comunicación escrita

La comunicación escrita, a diferencia de la verbal, tiene otra manera de interacción entre emisor y receptor, produciéndose en el tiempo o incluso nunca, aunque lo escrito puede perdurar. A través de la historia, este tipo de comunicación se ha desarrollado gracias al impacto de las tecnologías y de la ciencia. Estos procesos de desarrollo se dividen en tres etapas: Los pictogramas como las formas más primitivas de escritura humana; el desarrollo de alfabetos en diferentes lenguas escritos sobre soportes físicos como la piedra, la cera, la arcilla, el papiro y, finalmente, el papel; y por último la información transmitida a través de medios electrónicos.

La comunicación escrita requiere la habilidad interpersonal de *procesar*, *escuchar*, *observar*, *hablar*, *cuestionar*, *analizar*, *g estar* y *evaluar* en tal manera que se posibilite la colaboración y la cooperación. Los malentendidos pueden anticiparse y resolverse a través de formularios, preguntas y respuestas, parafraseo, ejemplos e historias.[8]

Teoría de la información[editar]

Artículo principal: Teoría de la información

El concepto de comunicación en el contexto de la Teoría de la Información es empleado en un sentido muy amplio en el que "quedan incluidos todos los procedimientos mediante los cuales una mente puede influir en otra". De esta manera, se consideran todas las formas que el hombre utiliza para transmitir sus ideas: la palabra hablada, escrita o transmitida (teléfono, radio, telégrafo, etc.), los gestos, la música, las imágenes, los movimientos, etc. En el proceso de comunicación es posible distinguir por lo menos tres niveles de análisis diferentes: el técnico, el semántico y el pragmático. En el nivel técnico se analizan aquellos problemas que surgen en torno a la fidelidad con que la información puede ser transmitida desde el emisor hasta el receptor. En el semántico se estudia todo aquello que se refiera al significado del mensaje y su interpretación. Por último, en el nivel pragmático se analizan los efectos conductuales de la comunicación, la influencia o efectividad del mensaje en tanto da lugar a una conducta. Es importante destacar que la Teoría de la Información se desarrolla como una respuesta a los problemas técnicos del proceso de comunicación, aun cuando sus principios puedan aplicarse en otros contextos.

En muchos casos la comunicación suele confundirse con la *teoría de la información*, la cual corresponde a la teoría matemática de Claude E. Shannon que estudia la información (canales, comprensión de datos, criptografía y todo lo que se le relaciona) como magnitud física. Esta emplea una unidad de medida de la información a la que denomina el "BIT", es decir, la menor unidad que puede aprenderse. Esta unidad de medida de la información se sustenta en la alternativa **sí** o **no** en cada determinación que pueda dar elementos para el conocimiento de los objetos. Así, por ejemplo, la sexualidad de un sujeto puede darse por un BIT, simplemente, *macho* o *hembra.* Para fijar la posición de una pieza de ajedrez sobre un tablero de 64 casillas se necesitarán al menos 6 BITS o 6 preguntas binarias.

Si bien la teoría de la información es fundamental al estudio de la comunicación y la comprensión de sus procesos, dicha teoría no responde a las preocupaciones de la comunicación humana misma como son los siguientes, entre muchos otros de carácter social:

- Relaciones sociales entre individuos o grupos dentro de una problemática social.
- Relación entre la comunicación mediática y el poder político.
- Carácter semiológico de la comunicación.
- Carácter lingüístico de la comunicación.
- Relación con otras ciencias sociales.

Teoría de la comunicación[editar]

La teoría de la comunicación es un campo de la teoría de la información que estudia los procesos de la información[9] y la comunicación humana.[10]

Las escuelas más conocidas de la teoría de la comunicación son las siguientes:

- **Mecanicismo**: Entiende la comunicación como un *perfecto transmisor mecánico de un mensaje* desde un *emisor* hasta un *receptor.*
- **Psicológico**: Considera a la comunicación como el acto de enviar un mensaje a un *perceptor* (llamado así porque considera al *receptor* como sujeto de la comunicación) y en el cual las sensaciones y las ideas de ambas partes influyen considerablemente en el contenido del mensaje.
- **Construccionismo social**: Este punto de vista, también llamado "interaccionismo simbólico", considera a la comunicación como el producto de significados creativos e interrelaciones compartidas.
- **Sistemática**: Considera a la comunicación como un mensaje que pasa por un largo y complejo proceso de transformaciones e interpretaciones desde que ocurre hasta que llega a los perceptores.

Dichas teorías se estudian además desde las siguientes perspectivas:

- **Ontología**: Pone la pregunta sobre el *qué se comunica.*
- **Epistemología**: Pone la pregunta sobre el *cómo se comunica.*

Elementos básicos de la comunicación[editar]

Los siguientes son los elementos básicos de la comunicación:

- **Código**: es un conjunto de signos que se combinan siguiendo unas reglas (semántica) y que permiten su interpretación (decodificación), por el cual el emisor elabora el mensaje. El receptor también ha de conocer el código para interpretar el mensaje. Para que se pueda producir la comunicación entre dos personas de distinta lengua se hace uso del extranjerismo.
- **Canal**: el medio físico a través del cual se transmite el mensaje desde el emisor hasta el receptor.
- **Emisor**: es la persona que tiene la intención y se encarga de transmitir una información (mensaje), para lo que necesita elaborarla y enviarla al receptor. Esta persona elige y selecciona los signos que le convienen, es decir, realiza un proceso de codificación; codifica el mensaje.
- **Receptor**: Se denomina como receptor a la persona que recibe e interpreta un mensaje, previamente enviado por un emisor. Es decir, es quien se encarga de descodificar los signos del mensaje recibido. Una vez interpretada tal información,

el receptor puede responder, y de esta manera, ocupar el lugar del emisor, generando una acción comunicativa.

- **Mensaje**: En el sentido más general, es el objeto de la comunicación. Está definido como la información o secuencia de signos que el emisor elabora y envía al receptor a través de un canal de comunicación o medio de comunicación determinado.
- **Situación**, **situación comunicativa** o **contexto**: En el sentido más general, es el espacio donde se desarrolla el acto o situación comunicativo. Es el conjunto de circunstancias que afectan tanto al emisor como al receptor, y además condicionan la interpretación del mensaje. Tanto emisor como receptor deben ser conscientes de las circunstancias de ese acto comunicativo, que en una conversación se da por entendido, para que sea eficaz la comunicación.
- **Marco de referencia**: Es el entorno que enmarca la situación.

Los siguientes son los elementos básicos mecánicos de la comunicación:

- **Fuente** o **Emisor** (**Remitente**): Dispositivo que genera los datos a transmitir, por ejemplo teléfonos o computadores personales.
- **Transmisor**: Transforma y codifica la información, generando señales electromagnéticas que pueden ser enviadas a través de algún sistema de transmisión. Por ejemplo, una antena.
- **Sistema de transmisión**: Puede ser desde una sencilla línea de transmisión hasta una compleja red que conecte a la fuente con el destino.
- **Receptor**: Es la persona que recibe, acepta e interpreta la señal (mensaje) proveniente del emisor, y la transforma de tal manera que pueda ser manejada por el destino. Por ejemplo, una radio o un televisor.
- **Destino**, **destinatario** o **destinación**: Toma los datos del receptor, por ejemplo la audiencia.

Funciones de la comunicación[editar]

La comunicación puede tener funciones como informar, persuadir, regular y motivar, entre muchas otras. Las funciones más básicas son cuatro:

- **Informativa:** Tiene que ver con la transmisión y recepción de la información. A través de ella el receptor accede al caudal de la experiencia social e histórica.

- **Formativa**: La formación de hábitos, habilidad intelectual y convicciones. En esta función el emisor influye en el estado mental interno del receptor aportando nueva información.
- **Persuasiva**: El emisor pretende modificar la conducta u opinión del receptor de manera que coopere en determinado propósito. O bien que cree en su mente una percepción sobre una organización, empresa, servicio o producto.[11] Se denomina Comunicación de Marketing y se aplica a todos los ámbitos sociales on y off-line, tales como el político, el social, el medioambiental, el comercial, etc.[11]
- **Entretener**: El emisor crea contenidos que el receptor disfruta.

Otras Funciones de la comunicación dentro de un grupo o equipo:

- **Reguladora:** El emisor pretende regular la conducta del receptor, por ejemplo en una norma social determinada.
- **Control:** El emisor pretende controlar el comportamiento del receptor, por ejemplo estableciendo un sistema de premios y sanciones sociales.
- **Motivación:** El emisor pretende motivar al receptor en la realización de determinados actos, por ejemplo el jefe dentro de una empresa.
- **Expresión emocional:** La comunicación se presenta como el medio para expresar ideas, emociones, por ejemplo los empleados pueden comunicar lo que piensan de su empresa.
- **Cooperación:** La comunicación se constituye como una ayuda importante en la solución de problemas.

Signos[editar]

Para comunicar algo sobre los objetos de la realidad, se usarán signos que representan a esos objetos. Las palabras, por ello, es el "nombre de las cosas".

Un signo es cualquier cosa que percibimos por los sentidos y evoca otro objeto o hecho diferente con el que mantiene una relación. Según la relación que se establece, existen tres tipos de signos.

- **Indicios**: Basados en la relación causa-efecto entre dos hechos. Los indicios transmiten una información que hasta ese momento no se conocía.
- **Iconos**: Basados en la relación de semejanza entre dos hechos.

- **Símbolos**: Signos convencionales que mantienen una relación arbitraria con el hecho representado.

EL filósofo y escritor Umberto Eco, en su obra *Il segno* (*Signo*), realiza una descripción de lo que es un signo:

Estos signos no son fenómenos naturales; los fenómenos no dicen nada por sí mismos. Los fenómenos naturales «hablan» a Sigma, en la medida en que toda una tradición campesina le ha enseñado a leerlos. Así pues, Sigma vive en un mundo de signos, no porque vivía en la naturaleza, sino porque, incluso cuando está solo, vive en la sociedad; aquella sociedad rural que no se habría constituido y no habría podido sobrevivir si no hubiera elaborado sus códigos propios, sus propios sistemas de interpretación de los datos naturales (y que por esa razón se convertían en datos culturales).
Umberto Eco, *Il segno*, 1973.

También Jonathan Swift, autor de *Los viajes de Gulliver*, hace mención del signo lingüístico:

Después fuimos a la Escuela de Idiomas, donde tres profesores estaban deliberando para mejorar la [lengua] de su país. [Uno de los sistemas que proyectaban] era un sistema para abolir por completo todas las palabras y se encarecía como una gran ventaja en punto a salud y brevedad. Pues es manifiesto que cada palabra que pronunciamos es en cierto modo una disminución de nuestros pulmones por corrosión, y por lo tanto contribuye a acortarnos la vida. Se ofreció, en consecuencia, una solución: que como las palabras son solo nombres de las cosas, sería más conveniente para todos lo hombres llevar consigo las cosas que fueron necesarias para expresar el particular negocio que tuvieran que tratar [...] Vi con frecuencia a dos de aquellos sabios desfallecer casi bajo el peso de sus fardos, como los buhoneros entre nosotros; y cuando se encontraban en las calles, dejaban las cargas en el suelo, abrían sus sacos y conversaban una hora; después recogían sus enseres, se ayudaban mutuamente a echárselos a cuestas y se despedían
Jonathan Swift, *Los viajes de Gulliver*, 1726.

Ciencias de la comunicación[editar]

Esta sección es un extracto de Ciencias de la comunicación.[editar]

Las ciencias de la comunicación (comunicación social, comunicología o simplemente comunicación) analizan, estudian y discuten los fenómenos relacionados con la información y el efecto de la acción de la comunicación humana.[12] También se encargan de observar y examinar los medios de difusión masivos (desde su legislación, hasta la producción y recepción de los contenidos), las industrias culturales, el consumo y el conjunto semiótico que estos construyen.

Se trata de un campo de estudios interdisciplinario cuyos conceptos teóricos son compartidos e intervenidos con frecuencia. Es abordado principalmente por disciplinas como la semiótica, la psicología, la ciencia política, la sociolingüística, la antropología, filosofía, la informática, la cibernética, la sociología; elaborando herramientas analíticas y métodos de estudio propios.[13]

La comunicación abarca un amplio abanico de especialidades laborales, como las relaciones públicas, la publicidad, el diseño gráfico, las redes sociales, la fotografía, la comunicación audiovisual, la comunicación institucional, la comunicación política, el periodismo, el cine, los videojuegos, las telecomunicaciones, entre otras.

Gran parte de los estudios y análisis desarrollados en materia de comunicación provienen de distintas escuelas de pensamiento e investigación, entre las que se destacan la Escuela de Palo Alto de Estados Unidos, la escuela de Fráncfort de Alemania, la Mass Communication Research estadounidense (fundada con base en la entonces fuerte corriente del conductismo); la New York Academy of Sciences y de campos de investigación tales como el de los estudios culturales, que concentra numerosas observaciones relacionadas con la economía política, la historia, la teoría literaria (entre otras) y que a su vez se examinan conforme a las prácticas culturales que se realizan en contexto del poder político, de las ideologías, de la nacionalidad, del sentido, de la etnia, etcétera.

Relación con otras disciplinas[editar]

- Marketing:[11] Es la ciencia que teniendo en cuenta las necesidades y deseos de la población mediante el adecuado conocimiento psicosociológico, integra de manera global el producto, el servicio, la idea o acto que se desea promover, determinando el precio o sacrificio que las personas que lo adopten deben soportar, definiendo la manera de hacerlo llegar a los adoptantes y diseñando las acciones de comunicación más adecuadas dependiendo de la tipología de cada uno de los tipos que conformen su público objetivo, con la finalidad de conseguir la máxima eficiencia. Las organizaciones sin ánimo de lucro de más éxito conforman su estrategia de comunicación como variable de marketing, los partidos políticos más exitosos conforman sus estrategias de comunicación como variable de marketing y todas las empresas y organizaciones que destacan de manera notoria usan la comunicación como variable de marketing.

- Neuromarketing:[11] Es una disciplina de las neurociencias que evalúa las acciones de marketing y comunicación mediante el uso de técnicas de neurociencias, midiendo las reacciones inconscientes de los individuos, de tal manera, que sustituye los estudios de mercados y de opinión tradicionales basados en cuestionarios, focus-groups, etc. Según González-Morales (2016), presidente de la Asociación Española de Neuromarketing y Neurocomunicación (AENENE), quien define el neuromarketing tomando como punto de partida la definición de marketing de Philip Kotler, "El Neuromarketing es el uso de las neurociencias con la finalidad de facilitar y mejorar la creación, la comunicación y el intercambio de acciones, servicios y productos de valor entre grupos e individuos que necesitan y desean satisfacer sus necesidades mediante estos intercambios".

- Psicología: En esta se analiza al sujeto-objeto de la comunicación, sus problemas, necesidades y maneras de asimilar y la influencia que el mensaje tiene en ellos, en especial desde la psicología de la personalidad, la evolución y la social.
- Sociología: En esta se analiza el impacto social del mensaje y la dinámica de los grupos, así como la forma en que las condiciones sociales influyen en los contenidos y formas de la comunicación.
- Cibernética: En esta se analizan los procesos autorregulados y controlados, la reacción (*feedback*) y la forma en que los medios de comunicación pueden influir sobre los procesos sociales a gran escala.
- Pedagogía: En esta se analizan los principios didácticos para la elaboración y comprensión de los mensajes, la formación de convicciones y procedimientos generales de aprendizaje a través de los medios.
- Educación: La comunicación educativa es el campo del conocimiento que estudia la relación entre comunicación y educación. Analiza el proceso en el cual las personas intercambian ideas, conocimientos y experiencias, dentro de un contexto educativo,

ya sea formal o informal. Este concepto surge en la década de 1960 y algunos autores lo han utilizado como sinónimo de educomunicación.[14] De igual forma que en el concepto tradicional de comunicación, en la comunicación educativa se distinguen los principales elementos: emisor, que en este caso es el educador; receptor, que corresponde al papel del alumno; y el mensaje, que es el contenido de enseñanza/aprendizaje. Desde la postura de la corriente latinoamericana de educadores y comunicadores, entre ellos, Paulo Freire, Mario Kaplún, y Daniel Prieto Castillo, proponen el diálogo, como requisito indispensable para que exista un verdadero proceso de comunicación educativa.[15] Desde esta perspectiva, la educación requiere una comunicación horizontal. En contra de la educación bancaria, es decir, del depósito o transmisión de información por parte del maestro al alumno, se propone una educación liberadora, que permita a las personas la comprensión crítica del mundo. Asimismo, los contenidos de enseñanza/aprendizaje no son seleccionados únicamente por los educadores, pues los alumnos también toman parte en la selección de estos.[16]

Véase también[editar]

- Portal:Comunicación. Contenido relacionado con **Comunicación**.
- Comunicación analógica
- Comunicación técnica
- Comunicación intercultural
- Comunicación social
- Comunicación publicitaria
- Lingüística antropológica
- Metacomunicación
- Psicología
- Sociología
- Factores de la comunicación

Referencias[editar]

1. ↑ Real Academia Española. «comunicación». *Diccionario de la lengua española* (23.ª edición).

2. ↑ «Redes y Comunicaciones». *fingenieria.uaemex.mx*. Consultado el 23 de septiembre de 2021.
3. ↑ Wolton, Dominique (Agosto de 2017). «La comunicación en el centro de la modernidad». *Doc. Go*. Consultado el Mayo de 2018.
4. ↑ Corbin, Juan Armando (14 de enero de 2017). «Los 28 tipos de comunicación y sus características». Consultado el 17 de noviembre de 2017.
5. ↑ Mehrabian, A. (1972). *Nonverbal communication*. Transaction Publishers.
6. ↑ Domínguez, Lázaro, Mª de los Reyes (noviembre-enero, 2009). «LA IMPORTANCIA DE LA COMUNICACIÓN NO VERBAL EN EL DESARROLLO CULTURAL DE LAS SOCIEDADES». *Razón y Palabra, vol. 14, núm. 70, Instituto Tecnológico y de Estudios Superiores de Monterrey Estado de México, México*. Consultado el 25 de junio de 2018.
7. ↑ Gallazzi, C.; B. Kramer, S. Settis, *Il papiro di Artemidoro*, con la colaboración de G. Adornato, A. C. Cassio, A. Soldati. Milano, Led edizioni, 2008, ISBN 978-88-7916-380-4
8. ↑ Heyman, Richard. Why Didn't You Say That in the First Place? How to Be Understood at Work.
9. ↑ Shannon, Claude Elwood (julio y octubre, 1948). «A Mathematical Theory of Communication» (PDF). *The Bell System Technical Journal*, p. 55. Consultado el 11 de abril de 2011.
10. ↑ Dainton, Marianne; Elain D. Zellei; *et al.* (2011). *Applying Communication Theory for Professional Life* (PDF). Sage Publications, p. 247. ISBN 1-4129-7691-X. Consultado el 11 de abril de 2011.
11. ↑ Saltar a:[a] [b] [c] [d] González-Morales, A. (2016). *Definiciones del Código Ético AENENE*. Asociación Española de Neuromarketing y Neurocomunicación. Consultado el 20 de septiembre de 2016.
12. ↑ «Licenciatura en Ciencias de la Comunicación - Ciencias de la Comunicación». *Ciencias de la Comunicación*. 23 de febrero de 2018. Consultado el 4 de abril de 2018.
13. ↑ «Oferta Académica UNAM | Ciencias de la Comunicación». *oferta.unam.mx*. Archivado desde el original el 5 de abril de 2018. Consultado el 4 de abril de 2018.

14. ↥ Torres Lima, Héctor Jesús (1994). *La comunicación educativa: objeto de estudio y areas de trabajo*. Tesis de Maestría. p. 82.

15. ↥ Prieto Castillo Daniel, La comunicación en la educación, pág. 25,Ediciones CICCUS, argentina, 1999.

16. ↥ Freire, Paulo (2005). *Pedagogía del oprimido*. Siglo XXI.

La comunicación en los grupos familiares

Henry Wilder Bueno Orellana

La comunicación dentro de los grupos familiares, es un proceso lingüístico en donde intervienen por lo menos un emisor – papá o mamá; hermano(a), el mensaje y un receptor – hijos; hermana(o) y busca por lo menos un objetivo útil: *hacer que prevalezca la unidad familiar, se tomen acuerdos con respecto a conductas y se establezcan alianzas entre los miembros de la familia.*

Como todo proceso toma su tiempo y se realiza en el contexto hogareño, en este caso las personas intervinientes son netamente los miembros de la familia, es decir, padres e hijos, para establecer por ejemplo: *pautas de crianza, maneras de como corregir la conducta de los hijos o por último establecer alianzas para amarse.*

Los tipos más generales de comunicación son dos:

1. *Vertical: cuando prima la autoridad, el respeto, la dirección, etc.*
2. *Horizontal: cuando prima el diálogo, la fluidez, la flexibilidad, la tolerancia, etc.*

De manera específica las formas de comunicación son:

1. *Asertiva: cuando se da en un contexto adecuado, a la persona indicada y en el tiempo indicado.*
2. *Efectiva: cuando se da con los resultados esperados.*
3. *Oportuna: cuando se da en el momento exacto.*

La importancia de la comunicación en la vida familiar es tal, que producto de ella las relaciones entre los miembros es mejor y cada uno puede acceder al mundo interior del otro, aprendiendo a recorrer el conocimiento de sí mismos, a través del acompañamiento emocional, incluso espiritual.

Comunicarse, es bueno para los niños y los jóvenes, porque de esta forma aprenden a confiar en ellos mismos; la oportunidad que da la familia de propiciar el ciclo de la comunicación es excelente para dar con la clave del crecimiento y desarrollo personal, otras veces también el profesional, descubriendo las vocaciones, en donde lo que se necesita, es constante atención.

Cuando un miembro de la familia se comunica abiertamente, gana aliados en el sentido que deja que se entiendan sus intenciones, para con el resto de la familia, en la pareja esto constituye, la base de las estrategias de crianza de los niños y cuando los padres ya son adultos mayores, son parte de las estrategias que los hijos jóvenes tienen, para ayudar a los padres, en su proceso de envejecimiento.

Esto significa que de no comunicarse a tiempo: *se pierde el control de las relaciones, se pierde la amistad entre los miembros, se pierde la espontaneidad, entre otras.*

Siempre se ha considerado bueno comunicarse, en un clima de conflicto, de tal forma que las partes en tensión, agoten todas las áreas nebulosas y de esa forma, se aclaren las situaciones, que son circunstanciales y no llevan a ningún resultado positivo.

Dada todo nuestra presentación, nos toca considerar algunas fórmulas, para que prevalezca, una buena comunicación, en el entorno familiar:

- *Mantenerse siempre dispuestos, a comunicarnos con los miembros de la familia, grandes y pequeños*
- *Estar dispuestos a, escucharse y observar cada detalle, del hecho comunicativo*
- *Entender el mensaje, pues allí radica, el secreto de las comunicaciones*
- *Hacer uso del lenguaje verbal y no verbal de manera natural, para llevar a cabo, la comunicación*
- *Establecer objetivos, para precaver el resultado, de la comunicación*

En conclusión; es necesario considerar este tema para posteriores presentaciones también dada su importancia, la comunicación está vigente en todo el ciclo de vida familiar y es la que le da sostenimiento, hoy hemos aprendido ciertas pinceladas de cómo puede ayudarnos el participar de la familia comunicándonos, de esa forma será más sencilla la vida familiar y las relaciones humanas serán menos tensas.

La importancia de la comunicación para los escolares, en la familia

- Un niño que haya descubierto el poder de la palabra, sabrá de la importancia del lenguaje y las comunicaciones
- Un niño que sabe la importancia del lenguaje, será un niño libre
- Un niño libre; es juguetón, alegre y creativo
- Un niño cuya personalidad es expansiva, se adapta a todo lugar
- Un niño que se adapta a todo lugar, es un niño diferente
- Un niño diferente, es un niño sano
- Un niño sano, es un niño con un espíritu vivo
- Un niño con un espíritu vivo, es un niño que disfruta el presente
- Un niño que disfruta el presente, es un niño conectado emocionalemente
- Un niño conectado emocionalmente, es un niño inteligente
- Un niño inteligente, es un niño realizado
- Un niño realizado, ya puede iniciar la siguiente etapa de su vida

La oración, ese don permanente en el tiempo

La oración en la internet

La **oración**, **rezo** o **plegaria** es la acción por la cual una persona se dirige a una divinidad o una persona sagrada.[1][2] Los pasos, las características y a quien va dirigida la oración están basados en la fe del individuo que realiza dicha actividad.

El término *rezar* viene del latín *re-citāre*[3] el cual usa el prefijo *re* que significa repetición y *citāre* que significa citar, mientras orar viene del latín *orāre* que significa 'de forma oral', por otro lado plegaria *precaria*,[4] en latín significa petición.[5]

Índice

Etimología[editar]

Del latín *oratio, -onis*. Etimológicamente es una expresión oral, es decir, que debe expresarse con el lenguaje. Aunque hay varios tipos de oración, y no siempre se expresa con un lenguaje de palabras, tanto verbales como mentales, también puede expresarse a través de gestos como los bailes. Las religiones suelen otorgar validez a la mera repetición de unas palabras, que eleven el pensamiento hacia Dios, que pueden ser incluso en un idioma que el orante no entiende (las llamadas lenguas sagradas: sánscrito, hebreo, griego, latín, árabe...), o conceptos difíciles de entender en el propio idioma. En la religiosidad popular, son las propias palabras las que tienen el poder curativo o la eficacia religiosa de que se trate.

Postura física durante la oración[editar]

«En tiempo de guerra. La oración de los buenos». Ilustración de Mariano Foix (1898).

Habitualmente se acompaña el acto de la oración con alguna postura física, como el juntar las palmas de las manos, o mostrar las manos abiertas; el abrir los brazos en cruz; el mirar hacia el cielo, o bien bajar la mirada u ocultar el rostro entre las manos; el realizar movimientos en forma de vaivén; y la postración, como manera de humillarse en actitud ascética de *conversión*, como *arrodillarse* o inclinarse (en griego *proskynesis*). Existe una postura, procedente del budismo zen, adoptada por los monjes cristianos, llamada *posición del diamante* o *postura carmelitana*, en la que el *orante* se pone de rodillas, sentado sobre los talones, con las palmas de las manos abiertas, hacia arriba, sobre las rodillas, en actitud de *recogimiento* y *acogida*. Para este fin incluso se han diseñado objetos adecuados: los reclinatorios, en el catolicismo, y las alfombras de oración (como la Alfombra de Baluch), en el islam y el cristianismo copto.

La oración musulmana requiere un ritual de posturas muy codificado, que incluye la orientación hacia la Meca.

Ordinariamente, los judíos contemporáneos no se inclinan. Sin embargo, se inclinaron al recitar rezos, y en la actualidad mantienen un ritual de oración con vaivén frente al Muro de las Lamentaciones y los textos sagrados. Los etíopes modernos tienen la costumbre de la inclinación, probablemente debido a los judíos antiguos que emigraron a Etiopía en días antiguos. La inclinación etíope es similar a la inclinación japonesa.

La postura incómoda durante la oración o su larga duración puede considerarse una forma ligera de mortificación física, que en algunos casos se exterioriza en golpes; estos pueden ser simplemente estilizados (por ejemplo, el llevarse el puño al pecho al decir *Por mi culpa, por mi culpa, por mi grandísima culpa*, del *confiteor* católico *-yo, pecador-*), o excepcionalmente ser reales. No obstante, estas auto-agresiones con fines religiosos no son tanto propias de la oración como de alguna forma de penitencia.

Cristianismo[editar]

Catolicismo[editar]

Conforme a la Iglesia católica, la oración es un diálogo entre Dios y los hombres. El hombre ha sido creado para glorificar a Dios, a través de la *oración* se le da *gloria*, de lo cual el ser humano se beneficia espiritualmente, recibiendo el *Amor* del *Padre* por la comunión con Jesucristo a través del Espíritu Santo. Mediante la oración se contempla a Dios, se le agradece, se le pide perdón y se le solicita su bendición y ayuda. Normalmente para orar se necesita un clima de *recogimiento*, *silencio* y *soledad interior* para facilitar la *unión con Dios*; aunque hay momentos de *oración comunitaria* que lo dificultan, sin ser por ello menos efectiva. Al orar, cada uno puede hacerlo con sus propias palabras o recurrir a algunas de las oraciones tradicionales de la Iglesia.

- Ave María
- Padre Nuestro
- Gloria Patri
- Rosario

- Acordaos
- Salve
- Magníficat
- Liturgia de las Horas
- Otras oraciones

Jesús da un ejemplo de oración en el Huerto de los Olivos, cuando al orar decía "Padre, que no se haga mi voluntad, sino la tuya" (Mc 14, 36).

Una diferencia sustancial entre catolicismo y protestantismo es el papel en las oraciones de la Virgen María y los santos. En ese punto no hay diferencias entre el catolicismo y la Iglesia ortodoxa o las demás iglesias orientales.

El Concilio Vaticano II dice que "desde su mismo nacimiento, el hombre es invitado al diálogo con Dios".

Tipos de oración

Según la fe cristiana, la oración puede ser:

- Verbal (El Padre Nuestro, por ejemplo.)
- Mental (Por ejemplo el *Casticismo* o Hesiquia, en la que se repite mentalmente el nombre de Jesús)
- De Meditación (Como la *lectio divina* o lectura espiritual, meditando la Biblia o textos de espiritualidad)
- De Contemplación (Por ejemplo, se puede alcanzar en la *Adoración del Santísimo Sacramento*. Para alcanzar el estado de *contemplación* se puede hacer uso de diferentes tipos de *oración*, generalmente la *meditación*.)
- De Petición
- De Acción de Gracias
- De Intercesión (oración por las necesidades de los demás)
- De Ofrecimiento (Por ejemplo ofreciendo a Dios el trabajo de cada día, o un bien adquirido)
- De Conversión (Cuando se produce un sentimiento de arrepentimiento y hay una intención de vivir más acorde al Evangelio.)
- De Alabanza (Se suelen utilizar cantos)
- De auditiva

- De escrita
- De visual
- De abandono
- De acogida
- De elevación

Estos tipos de oración no tienen por qué ir separados, se pueden ejercitar a la vez, o irse desencadenando uno detrás de otro; por ejemplo mediante el rezo del *Rosario* se hace una *oración verbal* con oraciones conocidas, se puede meditar cada misterio correspondiente a una etapa de la vida de Jesucristo, y se puede hacer *oración de petición* pidiendo la intercesión de la Virgen María.

La Virgen María, Intercesora en la oración

La Tradición apostólica considera a la Virgen María, "interces de toda gracia" y "omnipotencia suplicante" en la oración.

Cristo se hace humano en el vientre de María, dando ella su consentimiento al ángel enviado por Dios, *"Hágase en mí según tu palabra"* (Lc 1,38).

Su condición de *intercesora* se manifiesta en la visita que María, encinta, hace a su prima Isabel; su sola presencia, llevando en su vientre al Mesías, llena del Espíritu Santo al hijo que Isabel espera (Juan Bautista).(Lc 1,41-45)

La gracia de *omnipotencia suplicante* de María la instaura el mismo Jesús en las bodas de Caná, al convertir el agua en vino, simplemente porque su Madre le hizo presente la necesidad. Y ello ocurrió a pesar de que aún no era la hora de empezar su misión.(Jn 2,1-11)

Además, respetando el mandato de Jesús crucificado, los católicos la reconocen como Madre de los hombres, sabiendo que por el mismo mandato, ella nos reconoce como hijos y nos hermana con Jesús. (Jn 19,26-27)

La Comunión de los Santos

El concepto de Comunión de los Santos, al hacer partícipes a todos los cristianos de los méritos de los santos, además de los de Cristo, para su propia salvación, está expresado desde la tradición cristiana desde la perspectiva de que la muerte no es el final de la vida, sino que es el inicio de la vida eterna con Dios. El concepto de comunión de los santos es que, a través de nuestra oración y de la oración de los que ya están en la presencia de Dios (santos) podemos alabar a Dios. Este concepto de "comunión" implica que la Iglesia del cielo (Iglesia triunfante) y la de la tierra (Iglesia militante) están unidas a través de la oración. Permite una clase de culto a los santos (culto de dulía) distinto al culto debido a Dios (culto de latría: dárselo a otra entidad se considera idolatría), pues no deben atribuirse a los santos méritos divinos. Este culto incluye la veneración de sus reliquias e imágenes y el rezo de oraciones.

Protestantismo[editar]

Según el protestantismo; es Jesús quien entrega las enseñanzas sobre como se debe orar. Él dice: "Cuando oren, no sean como los hipócritas, porque a ellos les encanta orar de pie en las sinagogas y en las esquinas de las plazas para que la gente los vea. Les aseguro que ya han obtenido toda su recompensa. Pero tú, cuando te pongas a orar, entra en tu cuarto, cierra la puerta y ora a tu Padre, que está en lo secreto. Así tu Padre, que ve lo que se hace en secreto, te recompensará. Y al orar, no hablen sólo por hablar como hacen los gentiles, porque ellos se imaginan que serán escuchados por sus muchas palabras. No sean como ellos, porque su Padre sabe lo que ustedes necesitan antes de que se lo pidan." (Mateo 6:5-8) (Nueva Versión Internacional)

Es por esto que para los Protestantes, la oración del Padre Nuestro es más bien un esquema temático, y no una oración para recitar repetitivamente.

En la oración, todo apunta a la creencia. Jesús dice: "Pidan, y se les dará; busquen, y encontrarán; llamen, y se les abrirá. Porque todo el que pide, recibe; el que busca, encuentra; y al que llama, se le abre." (Mateo 7:7-8). Y luego continúa diciendo: "Si ustedes creen, recibirán todo lo que pidan en oración." (Mateo 21:22) (Nueva Versión Internacional).

El Protestantismo considera a Jesús como el único redentor e intercesor entre Dios y la humanidad. "Yo soy el camino, la verdad y la vida. Nadie llega al Padre sino por mí" (Juan 14:6). Él mismo les dice a sus discípulos "Ciertamente les aseguro que mi Padre les dará todo lo que le pidan en mi nombre." (Juan 16:23). Y luego Juan dice: "Mis queridos hijos, les escribo estas cosas para que no pequen. Pero si alguno peca, tenemos ante el Padre a un intercesor, a Jesucristo, el Justo. Él es el sacrificio por el perdón de* nuestros pecados, y no sólo por los nuestros sino por los de todo el mundo." (1 Juan 2:1-2) (Nueva Versión Internacional).

Los momentos de oración se efectúan de manera libre, de acuerdo al sentimiento que posea cada persona en el momento, o de acuerdo al *sentir del Espíritu Santo* como mencionan pentecostales y evangélicos. Esto ocurre incluso durante reuniones masivas como la adoración dominical.

Mormones[editar]

Según el Movimiento de los Santos de los Últimos Días, más conocido como Mormones, la oración es la comunicación reverente con Dios durante la cual la persona da gracias y pide bendiciones. La oración se dirige a Dios Padre en el nombre de Jesucristo y puede hacerse en voz alta y/o mentalmente. Los pensamientos también pueden ser una oración si se dirigen a Dios. La canción de los justos es una oración para Dios (D y C 25:12).

La finalidad de la oración no es cambiar la voluntad divina, sino obtener bendiciones que Dios esté dispuesto a otorgar, pero que deben ser solicitadas con el fin de recibirlas.

Para ofrecer una oración, la persona debe seguir los siguientes pasos:

1. Nuestro Padre Celestial
2. Te damos gracias por...
3. Te pedimos...
4. En el nombre de Jesucristo. Amén

Islam[editar

Ṣalāt (árabe: صلاة; plural: ṣalawāt, árabe coránico: صلوة <<orar *o* bendecir>>) generalmente se refiere a las oraciones de los musulmanes a Dios; y más comúnmente a las cinco oraciones diarias del Islam, las cuales son:

- *Fajr* (desde el rayar del alba hasta el instante anterior a la salida del sol)
- *Dhuhr* (Poco después de mediodía)
- *Asr* (En la tarde)
- *Magrib* (Después de la puesta del sol)(corresponde a *ma'ariv* en hebreo)
- *Isha* (1,5 horas después de la puesta del sol hasta la oración de Fajr.)

Aquí la posición que ocupa y el concepto sobre la oración Salat.

1-. La oración es el segundo de los pilares del Islam

Dijo el Profeta, la paz y las bendiciones de Dios sean con él: “el Islam se levanta sobre cinco pilares: el testimonio de que no hay más dios que Alá y que Mahoma es su siervo, y la práctica de As-Sala ” [Muttafaq ‘alaih]

2-. La oración es la mejor de las obras

Dijo el Mensajero de Dios, la paz y las bendiciones de Alá sean con él: “La mejor obra es As-Sala al principio de su tiempo” [Lo citó At-Tirmidhi]

3-. La oración es la diferencia entre el islam y la incredulidad

Dijo el Profeta, la paz y las bendiciones de Dios sean con él: “ciertamente entre el hombre y la incredulidad y el politeísmo está el abandono del As-Sala ” [Lo citó Muslim]

4-. La oración es la base del Islam y sobre él, después del Tawhid, se levanta el islam

Dijo el Profeta, la paz y las bendiciones de Dios sean con él: “La cabeza de este asunto es el Islam y su columna es As-Sala ” [Lo citó Ahmad]

Véase también: Yumu'ah (azalá del viernes)

Véase también: Pilares del islam#La oración

Judaísmo[editar]

El judaísmo, requiere oraciones al despertar, al atardecer, al anochecer, y después de cada comida. También hay bendiciones especiales para todos los gozos, todas las dichas, y todas las penas y dolores. La religión judía prohíbe estrictamente oraciones para pedir por malos augurios a los demás, o para pedir que se cambie el pasado. Algunas oraciones requieren la presencia de diez hombres miembros de la comunidad. También están los rezos de Shajarit a la mañana Minja al mediodía y Arvit a la noche y agregado en Shabat hay uno llamado Minja los cuales son muy importantes en la vida diaria de un judío.

Religiones orientales[editar]

Se han encontrado paralelismos entre el monacato, las vías ascética y mística del cristianismo y algunas religiones orientales.

Budismo[editar]

Pueden entenderse como formas de oración budista la repetición de mantras y el mero hecho de dar vueltas a un molinillo de oraciones.

La práctica de la meditación, fundamental para el budismo, puede ser considerada en sí misma una forma de oración (y viceversa).

Bibliografía[editar]

- Xavier Léon-Dufour (2001). *Vocabulario de teología bíblica* (18.ª edición). Barcelona: Biblioteca Herder. pp. 611-618. ISBN 978-84-254-0809-0.
- Romano Guardini (2002). *Introducción a la vida de oración*. Ediciones Palabra. ISBN 9788482395852.
- Orígenes (1994). *Tratado sobre la oración*. Ediciones Rialp. ISBN 9788432108716.
- Luis de Granada (1832). Julián Viana Razola, ed. *Libro de la oración y meditación*.
- Pedro de Alcántara (1749). *Tratado de la oración y meditación*.

Referencias[editar]

1. ↑ Real Academia Española. «orar». *Diccionario de la lengua española* (23.ª edición).
2. ↑ Real Academia Española. «oración». *Diccionario de la lengua española* (23.ª edición).
3. ↑ Real Academia Española. «rezar». *Diccionario de la lengua española* (23.ª edición).
4. ↑ Real Academia Española. «plegaria». *Diccionario de la lengua española* (23.ª edición).
5. ↑ Harper, Douglas. «pray (v.)». *etymonline.com*. Online Etymology Dictionary. Consultado el 30 de diciembre de 2014. Via Old French *prier*, nominalised use of the Latin adjective *precaria* "something obtained by entreating, something given as a favour", from *precari* "to ask for, entreat".

El padre nuestro

El **padre nuestro** o **padrenuestro**[1] (en latín, *Pater Noster*) es la oración cristiana por excelencia y elaborada por Jesús de Nazaret según relatan el Evangelio de Mateo (Mateo 6, 9-13) y el Evangelio de Lucas (Lucas 11, 1-4). Aunque haya diferencia en la descripción de las circunstancias y en el estilo del texto de la oración en ambos autores suelen coincidir en las premisas de las peticiones.

El padrenuestro es considerado[2] la oración cristiana común por excelencia por las confesiones mayoritarias; para las Iglesias católica, ortodoxa, anglicana y protestantes, es el modelo de oración cristiana.[3]

Padre nuestro, que estás en el cielo,

santificado sea tu Nombre;
venga a nosotros tu reino;
hágase tu voluntad en la tierra como en el cielo.
Danos hoy nuestro pan de cada día;
perdona nuestras ofensas
como también nosotros perdonamos a los que nos ofenden;
no nos dejes caer en la tentación,

y líbranos del mal.

Versión litúrgica del padrenuestro según el Evangelio de Mateo.[4]

Índice

Antecedentes del padrenuestro[editar]

Tradiciones litúrgicas en la Edad Antigua[editar]

Cómo oraban los gentiles: Roma y Grecia antiguas*[editar]*

Véanse también: Oración (religión) *y* Ritual.

Cada pueblo tenía su forma de comunicarse con sus dioses. Una forma de establecer contacto era por medio de palabras ritualizadas, como si los dioses fueran personas que escuchan y responden, esto es, orar.

En el caso de la religión grecorromana, existía un gran contraste entre la oración dirigida a las grandes divinidades y la efectuada con los dioses familiares. En el caso de las grandes divinidades (Júpiter, Neptuno, etc.) la oración era muy recargada, con ritos muy elaborados y complicados llenos de pompa y ceremonia[cita requerida]. Se consideraba a los dioses entes bastante lejanos y no tenía caso esforzarse por establecer un diálogo con ellos; pues eran tan grandes y poderosos que seguramente no escucharían. Más bien había que evitar su ira. Por otro lado, a los dioses domésticos, los de la familia, los propios antepasados, se les oraba de un modo distinto: se les pedía consejo y protección de una manera íntima, en este caso había una cercanía y una conversación verdadera, puesto que sentían amor por estos pequeños dioses.

Dentro del cristianismo, el grupo que se volvería más numeroso es el de los creyentes de origen gentil (no judío). De hecho se debe tomar en cuenta que el Nuevo Testamento fue escrito en griego koiné, una lengua pagana[cita requerida]. En la actualidad los judíos consideran a los cristianos como gentiles, mientras que en la Antigüedad eran considerados una secta judía. La herencia de los gentiles es innegable en el cristianismo.

Oración en el judaísmo*[editar]*

Véanse también: Judaísmo *y* Abinu Malkenu.

El Dios de Abraham, en los inicios del judaísmo, no se presenta inicialmente con la pretensión monoteísta de ser el único Dios de todos los hombres, aunque tampoco es el dios ni de un ámbito determinado (del aire, del agua, etc.) ni de una nación concreta, como eran en aquel contexto las formas más importantes de manifestación de lo divino.[5]

Con el desarrollo de la historia de Israel, este dios pasaría a ser el dios de un pueblo concreto, del que sin embargo Dios no es dependiente. De esta manera, surgiría la conciencia de que Israel no tiene ningún dios especial, sino que adora solamente al único Dios, que aunque escogió a Israel es el Dios de todos los pueblos.[5]

Israel se comunica con Dios a través de sus profetas, siendo el más grande de todos Moisés.[cita requerida] Así, Yahvé habría hablado cara a cara con él en reiteradas ocasiones. Según los relatos bíblicos, este hijo de Israel fue el único en comunicarse con Dios directamente (los demás que lo hicieron, lo lograron a través de la mediación de ángeles).[cita requerida]

Israel es un pueblo donde la oración es uno de los puntos más importantes de su identidad.[6] Incluso los judíos menos creyentes conocen algunas oraciones. Su contacto con Yahvé se ha caracterizado en gran medida por sus oraciones. El judaísmo legó al cristianismo una gran parte de sus creencias. De hecho, el cristianismo asegura que en la figura de Jesús de Nazareth se da el cumplimiento total de sus escrituras y lo identifica como el Mesías o Cristo prometido. Jesús mismo creció dentro del contexto espiritual judío y esa identidad se ve claramente reflejada en la oración del padre nuestro[cita requerida].

Ejemplos de oraciones judías

- ***Amidá***: literalmente, «en pie», llamada también la oración de las *dieciocho peticiones*, es una antigua oración del judaísmo que aún se conserva. Las Dieciocho Bendiciones son doce veces más largas que la oración dominical en su versión más amplia. En esta oración, «El Eterno» (Yahvé) se revela como alguien próximo a quien se eleva esta oración, es un Dios único, salvador, justo y misericordioso con su pueblo elegido.

- ***Shemá Israel***: el corazón de esta oración está contenido en el capítulo VI del libro de Deuteronomio, empieza con la frase *Shema Israel* («Escucha Israel, Adonai es nuestro Dios, Adonai es uno»). Esta oración la deben rezar diariamente y su mensaje podría ser: a un Dios único corresponde un amor único, sin divisiones ni fisuras. Por lo mismo se reclama a un israelita un servicio exclusivo a su dios. Jesús la cita en Marcos 12:29-30.

- ***Abinu Malkenu***: literalmente, «Padre nuestro», «Rey nuestro», esta oración contiene las palabras «padre nuestro» en hebreo. Se le pide a Dios que permita que las bendiciones vengan a las vidas de los hombres.

El padrenuestro en la Iglesia primitiva[editar]

Debe hacerse notar que Jesús vivió en el contexto de la espiritualidad judía, que en los evangelios se cita frecuentemente a los textos sagrados del judaísmo y que Jesús, como judío, estaba sometido a la Torá. Seguramente rezó las Dieciocho bendiciones, el

Shema, el Avinu Malkenu (padre nuestro, rey nuestro), los Salmos o *Tehilim* (alabanzas en español), entre otros muchos rezos que existían dentro del corpus religioso del judaísmo.

Se puede asegurar que si el judaísmo introdujo una gran novedad en el contexto religioso de su época, el cristianismo trajo al mundo de su tiempo una nueva visión de la Divinidad. Para el cristianismo existía una deidad, la de los judíos. Solo había un Dios verdadero, pero no era para un solo pueblo. El Señor pasó de ser un Dios local del pueblo judío a ser un Dios universal. El de los cristianos se mostraba a todos los hombres que quisieran seguirlo sin distinción de su origen. Según el cristianismo, el Señor tenía un nuevo pueblo al que cualquier hombre de buena voluntad podía pertenecer y ese nuevo pueblo era la Iglesia. Esa es la razón por la cual diferentes denominaciones cristianas se nombran a sí mismas el *Nuevo Israel.*

En un principio los primeros cristianos se consideraban a sí mismos parte del pueblo judío, oraban en las sinagogas y respetaban toda la Torá. En el primer Concilio de Jerusalén, narrado en el capítulo 15 del libro Hechos de los Apóstoles, se dice que los gentiles que abrazaban a Cristo no estaban obligados a cumplir la Torá dada al pueblo de Israel. Por ejemplo los cristianos de origen gentil no estaban obligados a circuncidarse o guardar el *Shabat*. A partir de este momento el cristianismo empieza a separarse gradualmente del judaísmo.

El padre nuestro fue fundamental en este punto. Al separarse del judaísmo, el cristianismo tuvo que ir adquiriendo una identidad propia y el principal rasgo de la espiritualidad judía era la oración. El cristianismo tenía que buscarse su propia oración, sus propios rasgos, para no ser considerada una secta del judaísmo.[cita requerida] El padre nuestro pasaría a ser el rasgo principal que diferenciaría al pueblo «nuevo» del «viejo» en este punto de la historia.[cita requerida] La diferencia aún no estaba muy clara entre los judíos y los primeros seguidores del cristianismo.

Los primeros cristianos tenían un gran respeto por la Oración dominical. La Oración dominical no se enseñaba a cualquiera. Su rezo constituía un privilegio que solo se otorgaba a los que ya habían recibido el bautismo. Era lo último que se enseñaba a los catecúmenos y solo hasta la víspera de su bautismo.[7] Era la máxima y más preciada joya de la fe.

Los antiguos cristianos de las Iglesias de África tomaron su profesión de la fe (quid credendum) de esta oración. Una profesión de fe es una declaración de sus creencias, un ejemplo de esto es el *Credo* o símbolo niceno del catolicismo latino y oriental. Los que pretendían recibir el bautismo debían tener un profundo conocimiento de la oración (*quid orandum*). Los catecúmenos debían seguir detenidamente la explicación del Credo y posteriormente debían recitarlo públicamente de memoria. La transición entre estos dos pasos era el padre nuestro. La profesión de fe en el cristianismo es una parte fundamental, pues mediante ella se declaran cuáles son sus creencias fundamentales y básicas. El hecho de que las Iglesias primitivas de África lo tomaran como base para su profesión de fe demuestra que desde los albores del cristianismo estas palabras de Jesús fueron consideradas como palabras santas.

En la Iglesia primitiva el rezo del padrenuestro estaba reservado para el momento cumbre de la celebración, que en el catolicismo y en otras denominaciones cristianas se conoce como misa. Era precedido por fórmulas que señalaban su respeto. Estas fórmulas han sido heredadas por distintas Iglesias en sus liturgias actuales: en la liturgia de la Iglesia oriental se dice como introducción: «*Dígnate, oh Señor, concedernos que gozosos y sin temeridad, nos atrevamos a invocarle a ti, Dios celestial, como a Padre, y que digamos: Padre nuestro...*». Y desde la Iglesia primitiva, en la liturgia romana, el sacerdote precedía la oración con la frase: «*nos atrevemos a decir*», reconociendo la enorme audacia que hay en repetir palabras consideradas tan santas por el cristianismo.[8]

El padrenuestro en la Biblia[editar]

El relato en los evangelios[editar]

En los dos evangelios, es Jesús quien enseña el padrenuestro a sus discípulos como respuesta a la petición de los mismos:

"Aconteció que estaba Jesús orando en un lugar, y cuando terminó, uno de sus discípulos le dijo: Señor, enséñanos a orar, como también Juan enseñó a sus discípulos." (Lc 11, 1).

Se debe recordar que la religiosidad judía era muy rígida y tenía ritos y oraciones muy precisos. La relación con el Ser Eterno, que según sus creencias regía todo lo que existe, era algo muy delicado y por eso le pidieron a Jesús que les enseñara el modo correcto de dirigirse a Él; pues de acuerdo a ellos, solo una persona muy cercana a Dios podría conocer la manera correcta de hablarle, siendo Jesús esa persona para ellos.

Con la oración que les enseña, Jesús trata de romper con las actitudes que alejaban al hombre de Dios, y busca una sencillez que facilite el diálogo con ese Absoluto que Jesús llamó Padre.

Relato de Mateo

La oración aparece en el contexto del Sermón de la montaña. Jesús había comenzado ya su vida pública, y debido a que ya era un conocido predicador congregó a mucha gente que quería recibir sus enseñanzas. Decidió subir a un monte para que todos pudieran escucharle, y una parte importante de las enseñanzas cristianas se basa en este pasaje evangélico: las bienaventuranzas (Mt 5:1-12), la comparación de los discípulos con la luz del mundo (Mt 5:14-16), la actitud de Jesús con respecto a la Ley de Moisés (Mt 5:17-20), y sus comentarios sobre los mandamientos (Mt 5:21-37), entre otras enseñanzas fundamentales para los cristianos.

El contexto en el que Jesús expone el padrenuestro es el del reproche hacia aquellos, tanto judíos como gentiles, que han convertido la oración, como la limosna, en un hábito meramente externo (Mt 6:5-8). Jesús recomienda orar en privado y con sencillez, y les ofrece el padrenuestro como ejemplo de oración sencilla para dirigirse al Padre.

Relato de Lucas

En el Evangelio de Lucas el padrenuestro aparece en la sección que es denominada *el viaje a Jerusalén*: es precedido por la exposición de la parábola del buen samaritano (Lc 10:30-37) y por el episodio de la disputa entre Marta y María (Mt 10:38-42). El relato parece sugerir que Jesús estaba orando solo y muy concentrado en lo que el evangelio llama «cierto lugar», por lo que nadie se atrevía a interrumpirlo, y solo cuando terminó su diálogo con el Eterno uno de sus discípulos le pidió que les enseñara a orar, como también Juan enseñaba a sus discípulos. A continuación, Jesús les explica el padrenuestro, en una versión más corta que la de Mateo y que contiene solo cinco peticiones. El texto de Lucas según la traducción católica de la Biblia de América dice:

> *«Padre, santificado sea tu nombre; venga tu reino; danos cada día el pan que necesitamos; perdónanos nuestros pecados, porque también nosotros perdonamos a todo el que nos ofende; y no nos dejes caer en la tentación.»* (Lc 11:2-4).

Comparación de ambos relatos

Lucas narra que uno de los discípulos le pidió a Cristo que les enseñase a orar después de que Jesús mismo hubo terminado su oración en solitario. En Mateo no aparece la petición del discípulo, fue iniciativa del propio Jesús enseñarles a rezar con el padrenuestro.

Las diferencias entre las dos versiones son las siguientes:

- La invocación: Lucas invoca a Dios solo como *Padre* y Mateo como *padre nuestro que estás en el Cielo*;
- En Lucas no aparece la petición de Jesús de que se realice la voluntad de Dios así en la tierra como en el cielo;
- En Lucas no se menciona la petición «líbranos del mal».

El fondo de los dos relatos es el mismo: Jesús enseña a su gente cuál es la forma correcta de dirigirse a Dios. Sin embargo, Mateo la desarrolla de manera más extensa y profunda. El relato de Mateo sobre el padre nuestro resulta más apasionado, puesto que en él Jesús está sobre una montaña rodeado de una muchedumbre ansiosa por escuchar sus palabras; en el relato de Lucas, en cambio, un Jesús más espiritual, orando en solitario, causa la admiración de un discípulo, quien espera pacientemente a que termine su oración para pedirle que le enseñe a orar.

Hipótesis sobre las diferencias entre Mateo y Lucas

Hay tres hipótesis acerca de las diferencias entre los relatos del padrenuestro entre los dos evangelios. Aceptando que Jesús pronunció solo una vez el padrenuestro se plantean la siguiente cuestión; puede ser que las diferencias entre las versiones de Lucas y Mateo deban a la transmisión oral de la tradición, pero se plantea el problema de cual de los dos textos es el primitivo, y a partir de aquí surgen dos hipótesis:

- *El texto de Lucas contiene el relato original.* Si el texto de Lucas fuera el primitivo los cristianos a la hora de transmitirlo de unos a otros tuvieron que haber añadido leves perífrasis.

- *El texto de Mateo contiene el relato original.* Si el original fue Mateo entonces los cristianos recortaron la oración por olvido en la tradición recogida por Lucas.

En la tercera hipótesis se vierte la siguiente idea:

- *Jesús la pronunció en reiteradas ocasiones y los dos relatos son correctos.* La oración era algo muy fundamental para Jesús, parte importantísima en el aprendizaje de sus discípulos. Surge entonces la hipótesis de que tal vez Jesús repitió varias veces esta oración para que sus apóstoles la aprendieran bien, y que Mateo y Lucas la sitúan en dos de estos distintos momentos. Esta teoría responde a la diferencia del relato de la entrega del padrenuestro entre Mateo y Lucas.

Solo hay dos hechos que no dejan lugar a dudas: las diferencias entre las dos versiones del padrenuestro son marginales, y en la práctica la Iglesia primitiva optó por el texto de Mateo, probablemente por ser más rotundo y adornado. Por medio del método científico es difícil llegar más allá en estas averiguaciones.

La incorporación de la doxología final[editar]

La última frase de la oración (*Tuyo es el reino, el poder y la gloria por siempre Señor. Amén*) recibe el nombre de doxología final.

En esta parte se manifiesta el total reconocimiento por parte del orante de que Dios es un ser absoluto y supremo que no tiene principio ni fin. Algunos creen que es auténtica, basándose en una alabanza del Antiguo Testamento, mientras que otros afirman que se trata de un añadido posterior. Según el Catecismo de la Iglesia Católica la práctica litúrgica concluyó la oración del Señor con una doxología,[9] cuyo contenido se justifica porque el diablo, príncipe de este mundo, se atribuye la realeza, el poder y la gloria (Lucas 4:5-6) y Cristo los restituye al Padre, a quien corresponden.[10] Ha sido incluida en la misa, separada del conjunto del padre nuestro por una oración específica del sacerdote.[11]

Para Joachim Jeremias la *doxología final* surgió entre los siglos II y III de la era cristiana, pues, era inaceptable que la oración terminara con la palabra *mal*, por lo cual la Iglesia primitiva añadió para el uso litúrgico esta doxología, basándose probablemente en el texto de 1Crónicas 29:11-13. Jeremias recalca que la doxología no está presente ni en el Evangelio de Lucas ni en los códices más antiguos conocidos (Sinaítico, Vaticano, Alejandrino). Según él, la Didaché en una forma inicial y luego algunos copistas del Nuevo Testamento fueron influidos por la liturgia (donde se incluía la doxología) y añadieron en el texto proveniente de Mateo, la doxología final.[12]

Algunos expertos mantienen que la doxología es parte del padrenuestro original y destacan su presencia completa en el Códice Washingtoniano, así como en la *Homilia 19 sobre San Mateo* (parágrafo 10) de San Juan Crisóstomo y las Constituciones apostólicas y parcial en la *Didaché*.[13] La versión Reina-Valera es uno de los ejemplos más conocidos de traducciones bíblicas en español donde se incluye esta frase al final del padrenuestro de Mateo.

Cambio de versión en lengua castellana dentro de la Iglesia católica[editar]

En 1988 en España, y 1992 en Hispanoamérica, se hizo oficial la actual versión del padrenuestro. Esto supuso la culminación al proceso de unificación de esta oración, iniciado en 1986 con el fin de usar una versión única de la misma en todos los territorios hispanoparlantes. La reforma fue consensuada por medio de los episcopados de cada país partícipe; se produjeron cesiones entre las diferentes partes involucradas para alcanzar el acuerdo.

La versión antigua en España era:

Padre nuestro que estás en los Cielos,

santificado sea tu nombre,
venga a nosotros tu Reino,
hágase tu voluntad así en la Tierra como en el Cielo.
El pan nuestro de cada día dánosle hoy
y perdónanos nuestras deudas,
así como nosotros perdonamos a nuestros deudores,
y no nos dejes caer en la tentación,
mas líbranos del mal.

Amén.[16]

Relevancia de la oración dominical[editar]

Para la Iglesia católica, el padrenuestro es la oración por excelencia. Recibe también el nombre de oración dominical, del latín *Dominicus* ("Señor"), dado que Jesús de Nazaret es llamado Señor con frecuencia en los escritos cristianos y fue él quien transmitió a los apóstoles esta forma de orar.

Según el Catecismo de la Iglesia Católica el *padre nuestro* es el resumen de todo el Evangelio. San Agustín de Hipona escribió: *«Recorred todas las oraciones que hay en las Escrituras, y no creo que podáis encontrar algo que no esté incluido en la oración dominical.»*[17]

- Wikisource en latín contiene una copia de la **Padrenuestro**.

Santo Tomás de Aquino dice en su Summa Theologiae lo siguiente: *«Que la oración dominical es perfectísima [...] en la oración dominical no sólo se piden las cosas lícitamente deseables, sino que se suceden en ella las peticiones según el orden en que debemos desearlas, de suerte que la oración dominical no sólo regula, según esto, nuestras peticiones, sino que sirve de norma a todos nuestros afectos.»*[18]

De acuerdo con el Catecismo de la Iglesia Católica,[19] Jesús no desea que la oración sea repetida de modo mecánico, sino que por medio de ella se establezca un diálogo con el Padre. Jesús dicta cómo debe ser la relación con Él: los hombres deben reconocer que es su Creador y, por tanto, su Padre, y rendirle la honra que merece; deben pedirle lo que necesiten, pues el Padre concede a quien le hace peticiones de manera adecuada; y deben también pedir perdón por sus pecados.

Algunas Iglesias orientales utilizan la versión del griego koiné. Los católicos de ritos latinos usan la versión en su lengua nativa desde el Concilio Vaticano II, aunque antes se utilizaba la versión en latín.

La oración en la vida sacramental.

El padrenuestro es parte fundamental en los tres sacramentos de la *iniciación cristiana* (bautismo, confirmación y eucaristía). En el bautismo y confirmación significa un nuevo nacimiento a la vida divina; es hablar a Dios con su misma Palabra[*cita requerida*]. En la liturgia de la eucaristía es la oración de toda la Iglesia, allí se utiliza en su pleno sentido, se sitúa entre la anáfora (oración eucarística) y la liturgia de la comunión.

Estructura de la oración[editar]

En el catecismo de la Iglesia católica se estructura la oración en tres partes principales: la invocación, las siete peticiones y la doxología final. En esta oración los católicos ven la total coherencia de Jesús con sus enseñanzas, y para demostrarlo en cada parte de la oración se da una cita bíblica relatando como fue que Jesús cumplió con cada una de las cosas que habla en el padre nuestro[cita requerida]. Se dan también citas del Antiguo Testamento, puesto que Jesús vivía bajo la Ley de Moisés o Torá.

Invocación*[editar]*

- **Padre nuestro que estás en el Cielo**.

Se puede invocar a Dios como *Padre* según la propia revelación bíblica en el *Salmo 103(102):13: «Como el Padre se compadece de los hijos, así se compadece el Eterno de los que le temen»* porque, según los católicos, lo ha revelado su propio Hijo hecho hombre. Esta oración nos pone en comunión con el Padre y con el Hijo. Al decirle *nuestro*, los cristianos invocan a la nueva Alianza en Jesús, la comunión con la Santísima Trinidad y la caridad divina extendida por la Iglesia en todo el mundo[cita requerida]. *Que estás en el Cielo* designa la majestad de Dios y su presencia en el corazón de los justos. Según los cristianos el mismo Dios lo revela en *Salmo 103(102):19 «El Eterno estableció en los cielos Su trono»*.

Siete peticiones del padrenuestro[editar]

- ***Primera petición:*** **Santificado sea tu nombre.**

Según los cristianos que abrazan el catolicismo al pedir que sea *santificado sea tu nombre* los hombres entran en el plan de Dios: la santificación de su Nombre, que fue revelado a Moisés (YHVH) y después revelado en Jesús. Todas las naciones y los hombres deben reconocer a Dios según los cristianos por el texto de *Salmo 103(102):1 «Bendiga todo mi ser Su santo Nombre»*. Jesús mismo bendice al Padre en Mt 11:25: «Bendito seas, Padre, Señor de cielo y tierra».

- ***Segunda petición:*** **Venga a nosotros tu Reino.**

La Iglesia tiene presente el regreso de Cristo y la venida definitiva del Reino de Dios. También se ora por el engrandecimiento del Reino de Dios en cada persona en su vida cotidiana, es decir, con los actos comunes y corrientes los hombres deben engrandecer el Reino de Dios. Esto ya estaba visto por Jesús en el Tanaj: *Salmos 103(102):19 «Su reino domina sobre todo»*.

Cristo es un proclamador del Reino de Dios, que es la realidad última que todo abarca, en la que Jesús se implica totalmente. Tanto en Mc 1:14, como en Mt 4:17 afirma claramente que su misión es proclamar el Reino de Dios y la proximidad de los Últimos Tiempos. Los Últimos Tiempos no equivalen al fin del mundo, sino que en el catolicismo comienzan cuando Jesús desciende a los infiernos y libera a los justos del Antiguo Testamento. Con su sacrificio, Jesús permite que los hombres vayan a la presencia de Dios y no se queden simplemente en el mundo de los muertos, esto es, que el Reino de Dios venga en los Últimos Tiempos.

- ***Tercera petición:*** **Hágase tu voluntad en la Tierra como en el Cielo.**

En esta tercera petición los cristianos católicos ruegan al Padre que una la voluntad de los hombres a la voluntad de su Hijo para llevar a cabo el plan de Salvación en la vida del mundo. Cristo era muy consciente de esto cuando hizo la voluntad de su Padre, como demuestran sus palabras en su oración en el huerto de Getsemaní.

> *«Y adelantándose un poco, cayó sobre su rostro, orando y diciendo: Padre mío, si es posible, que pase de mí esta copa; pero no sea como yo quiero, sino como tú quieras.»* Mt 26:39

Otros versículos que mencionan el mismo episodio son Mc 14:36 y Lc 22:42. Los cristianos creen que Jesús, desde el momento en que dio la oración en el sermón de la montaña, sabía que estaría sometido a grandes sufrimientos. La Voluntad del Padre implicaba mucho dolor para Cristo, sin embargo, Él sabía que cumplir ese mandato era más importante que todo, y espera que los hombres imiten su ejemplo al cumplir la misión que les encomendó el Padre a pesar de cualquier obstáculo.

- ***Cuarta petición:*** **Danos hoy nuestro pan de cada día**

Según el cristianismo católico, hay tres interpretaciones acerca de lo que es el pan de cada día: el sustento material, la palabra de Dios y el Cuerpo de Cristo en el Sacramento de la Eucaristía:

Sustento Material: se expresa la confianza que tienen los hijos a su Padre del Cielo. La expresión «nuestro pan» se refiere a los elementos terrenales para la subsistencia como dice en las siguientes citas de la Biblia:

> *Él «...sacia de bienes tu existencia, y te rejuveneces como un águila».* Salmo 103(102), 5.

«Al verla, los hijos de Israel se dijeron unos a otros: ¿Qué es esto?, porque no sabían lo que era. Y Moisés les dijo: Es el pan que el Señor os da para comer.» Éxodo 16, 1.

En la primera cita habla de cómo Dios llena las necesidades personales de cada individuo, que el Padre puede proveer de bienes materiales y sustento a quien se comprometa con sus mandatos, de manera consciente o inconsciente. En la segunda cita se habla de cómo Dios alimenta a Israel con maná en el desierto. El Señor no desampara a su pueblo en el aspecto material, la Iglesia se considera el Nuevo Israel, el nuevo pueblo de Dios y si no desamparó a su pueblo, Israel, en tiempos de Egipto, tampoco lo hará con su nuevo pueblo, la Iglesia de Cristo.

Palabra de Dios: el catolicismo y todo el cristianismo en general considera la Palabra de Dios como pan de Vida, esta enseñanza viene vertida en el llamado Antiguo Testamento de acuerdo a la interpretación cristiana, como se puede ver en las siguientes citas:

«Y te humilló, y te dejó tener hambre, y te alimentó con el maná que no conocías, ni tus Padres habían conocido, para hacerte entender que el hombre no sólo vive de pan, sino que vive de todo lo que procede de la boca del Señor.» Dt 8,3

«Pero Él respondiendo dijo: Escrito está: "No sólo de pan vivirá el hombre, sino de toda palabra que sale de la boca de Dios."» Mt 4,4

En la primera cita se da a entender que el hombre no solo es un cuerpo que necesita sustento material, para el cristianismo católico el hombre es una unidad cuerpo-alma: así como la comida alimenta al cuerpo, así el alma necesita lo propio, y esto se da con la Palabra de Dios. En esta petición los cristianos consideran que se pide alimento para el hombre integral, es decir, para el cuerpo y alma que son inseparables. No se puede alimentar al cuerpo sin alimentar al espíritu. En la segunda cita Jesús cita al Tanaj, precisamente en el pasaje del Deuteronomio donde es tentado en el desierto por el demonio, quien le dice que debe saciar el hambre de su cuerpo; Jesús le responde que no solo su cuerpo necesita alimento, más bien su espíritu, demostrando una vez más la coherencia de su mensaje con la de su actuar en el relato de los evangelios.

Sacramento de la Eucaristía: para el cristianismo católico este misterio está en el Sacramento de la Eucaristía y fundamentado en la Biblia, Jesús mismo es la comida y la bebida verdadera como dice en este texto del Evangelio de Juan:

«Entonces Jesús les dijo: En verdad, en verdad os digo: si no coméis la carne del Hijo del Hombre y bebéis su sangre, no tenéis vida en vosotros. El que come mi carne y bebe mi sangre, tiene vida eterna, y yo lo resucitaré en el día final. Porque mi carne es verdadera comida, y mi sangre es verdadera bebida. El que come mi carne y bebe mi sangre, permanece en mí y yo en él. Como el Padre que vive me envió, y yo vivo por el Padre, asimismo el que me come, él también vivirá por mí. Éste es el pan que descendió del cielo; no como el maná que vuestros Padres comieron, y murieron; el que come este pan vivirá para siempre.» Juan 6:53-58.

Para el catolicismo la eucaristía viene contenida dentro de esta cuarta petición, para los católicos el mismo Jesús instituyó a sus apóstoles en la Última Cena para que la transmitieran a los hombres de todos los tiempos y de generación en generación.

«Y mientras comían, tomó pan, y habiéndolo bendecido lo partió, se lo dio a ellos, y dijo: Tomad, esto es mi cuerpo.». Mc 14:22

Mateo 26:26 y Lucas 22:31-34 tocan el mismo punto, en la primera carta a los Corintios 11:23-25 también se habla de la institución del Sacramento Eucarístico.

- ***Quinta petición:*** **Perdona nuestras ofensas como también nosotros perdonamos a los que nos ofenden.**

Esta petición implora a la misericordia divina, la cual no se puede recibir si no se perdona a los enemigos propios como Jesús lo hizo en la cruz *Lc 23:34 «Jesús decía: 'Padre perdónalos, porque no saben lo que hacen'»*. Jesús sabe que el Padre perdona con amor porque lo dice en el *Salmo*

103(102):3 «Él perdona todas tus iniquidades». En el mismo salmo en el versículo 10 dice: *«No ha hecho con nosotros conforme a nuestras iniquidades, ni nos ha pagado conforme a nuestros pecados.»* Por eso es que se pide a Dios que perdone las culpas de los hombres en la medida que sepan perdonar, desde el punto de vista católico.

- ***Sexta petición:* No nos dejes caer en tentación**

Los católicos piden aquí a Dios que los aleje de los caminos que los puedan conducir al pecado. Se implora al Espíritu Santo que dé discernimiento y fuerza, como Jesús las tuvo al ser tentado en el desierto Mateo 4:1-11 y con esto los católicos intentan demostrar que Jesús fue coherente con sus enseñanzas.

En el siguiente versículo se narra cómo Jesús «no cayó en tentación»:

«...y le dijo: Si eres Hijo de Dios, lánzate abajo, pues escrito está: "A sus ángeles te encomendará", y: "En las manos te llevarán, no sea que tu pie tropiece en piedra." Jesús le dijo: También está escrito: "No tentarás al Señor tu Dios."» Mateo 4:6-7

- ***Séptima petición:* Y líbranos del mal**

En el texto de (Salmo 116:4) se lee: *«¡Libra, oh Eterno, mi vida!»*. Aquí se pide a Dios que quite las dificultades del camino del creyente, esta petición coincide con la que Jesús hace en el padrenuestro. En esta última el cristiano pide al Señor que con el apoyo de su Iglesia católica, Jesús manifieste su victoria sobre Satán y sus planes en contra de la Salvación de los hombres. Los católicos consideran su Iglesia la Iglesia de Dios *Mt 16:18: «...y las fuerzas de la muerte no prevalecerán sobre Ella (se refiere a la Iglesia de Cristo).»* Para el catolicismo la muerte es consecuencia del pecado, pero la Iglesia no será vencida por el pecado o la muerte por el texto antes mencionado.

Doxología final*[editar]*

En el apartado 2855 del Catecismo de la Iglesia Católica se lee que el cuerpo de la doxología agregada al final del padrenuestro es: *«Tuyo es el reino, el poder y la gloria por siempre, Señor, Amén»*

El principal objetivo de esta doxología final de acuerdo al catolicismo es la adoración al Padre, rendirle el culto de adoración que se merece como Dios, que después de tratarlo como una persona cercana se le da su lugar como ser absoluto y eterno. También es una acción de gracias al Padre al restituirle los tres títulos que posee:

Reino

Dios es soberano de este mundo y del Cielo, no hay nada que pueda superar su autoridad.

Poder

Dios tiene poder de hacer cualquier cosa puesto que es la causa original de todas las cosas, incluso de la materia.

Gloria

A Dios le rinden tributo los seres celestiales y su pueblo en este mundo. Estos tres títulos Cristo se los restituyó a su Padre para que Dios sea todo en todos.

La expresión *Por Siempre Señor* quiere decir que Dios es eterno, es el Eterno. Daniel (6:27) dice: *«Él es el Dios vivo, y eternamente subsiste»*. En el Salmo 101/102:26-28 dice: *«Tú, en cambio, eres siempre el mismo, tus años no se acabarán»*. El mismo nombre divino (YHWH), que significa «yo soy el que es» y es una forma del verbo *hava*, existir, denota el carácter eterno de Dios.

Del uso de la palabra *Amén*, para concluir la oración, san Cirilo de Jerusalén dijo en su *Catecismo Místico*: *«Después de terminada la oración, dices: Amén, refrendando por medio de este Amén, que significa "Así sea" Lc 1:38, lo que contiene la oración que Dios nos enseñó».*

- **Textos en la Biblia similares a la doxología.**

Se cree que Jesús de Nazaret al concluir la oración pudo haber incluido esta frase para adorar a Dios, para rendirle homenaje tal como hacían los judíos del Antiguo Testamento. Se usaban este tipo de frases para enseñar al pueblo de Israel que debían completa obediencia a su Dios y que era el Soberano absoluto de este mundo y de lo que ellos llaman *Olam Haba* o *Mundo Venidero*. Las siguientes frases del Antiguo Testamento rinden adoración a Dios y se cree que Jesús o los evangelistas pudieron inspirarse en ellas debido a la estructura que tienen donde reconocen a Dios como dueño de los siguientes distintivos: rey, poderoso, glorioso y eterno.

*«El Señor es **rey**; está vestido de esplendor, el Señor, está vestido y rodeado de **poder**; firme e inconmovible está la Tierra. Tu trono está firme desde **siempre, tú existes desde la eternidad**».* Salmo 93

*«**Tuya** oh Yavé, es la grandeza, la magnificencia, la **duración** y la **gloria**; pues tuyo es cuanto hay en el cielo y en la tierra. Tuya, oh Yavé es la **realeza**; tú estás por encima de todo, en tu mano están el **poder** y la fortaleza y es tu mano la que todo lo engrandece y a todo da consistencia. Pues bien, Oh Dios nuestro, te*

celebramos y alabamos tu nombre magnífico.» 1 Crónicas 29,11-13 (Biblia Latinoamérica)

Interpretación de *deudas* en comparación con *ofensas*[editar]

En realidad, no hay duda sobre el sentido profundo de la oración: "Se trata tanto de las deudas como de las ofensas".[23]

Sin embargo, según consideran algunos autores[24] la traducción literal «así como nosotros perdonamos a nuestros deudores» de la versión tradicional latina *"sicut et nos dimittimus debitoribus nostris"*, así como de la palabra griega original "opheilema" es una referencia directa al perdón de deudas monetarias, y que estaría relacionado con el mandato consignado en la Torá, que consistía en que tanto en los años sabáticos (cada siete años Deuteronomio 15:1-10), como durante el jubileo (cada cincuenta años Levítico) se hacía "remisión" de deudas. Según esta tesis Jesús en sus enseñanzas habría proclamado un gran jubileo, en alusión al jubileo del año 26 DC.

Como Wittermayer ha indicado, en la época de Jesús se debatía intensamente sobre la aplicación de esta norma de la Ley[25] a la que se oponían los ricos, y en especial, los banqueros[26] por temor a que se paralizara la economía[27] Los acreedores se acogieron a una solución denominada «prosbul», del griego *pros boulé* o «acción formalizada ante el tribunal», mediante la cual se transfería la acreencia a una corte de justicia antes del año sabático y luego la corte la reintegraba al acreedor después del año sabático. Según el tratado *Grittin* de la Mishná, el rabino fariseo Hillel autorizó a los acreedores a practicar este procedimiento para evitar el perdón de las deudas monetarias. Así aún en los días de Jesús se seguían cobrando deudas que, según la Torah, debían haber expirado en los días del gran jubileo.

Diferentes círculos judíos rechazaron la burla al perdón de las deudas mediante el «prosbul». Es el caso de los esenios; en los Manuscritos del Mar Muerto se condenan repetidamente los «buscadores de interpretaciones fáciles»,[28] "celosos de la riqueza.[29] Un siglo después, durante la rebelión contra el Imperio romano los zelotes pasaron a las vías de la acción directa: «prendieron fuego a todas las escrituras de los deudores y acreedores».[30]

El debate sobre el perdón de las deudas que los deudores no podían pagar, era un tema público de primer orden. El teólogo André Trocmé considera que Jesús claramente relacionó el perdón de los pecados por gracia de Dios, con la decisión de las personas de perdonar a los demás las ofensas, incluidas las monetarias o materiales, es decir las deudas. Así lo expone Mateo 18:23-35, en la «parábola del siervo desalmado». En el Evangelio de Mateo 6, 12, todos los manuscritos griegos usan la forma correspondiente a las palabras «deuda» ὀφείλημα *opheilema* y «deudor» ὀφειλέτης *opheiletes* (ὀφείλεταις «a los deudores») y además el verbo «perdonar» ἀφίημι *aphiemi*, generalmente usado para la condonación de deudas monetarias o materiales y cuyo sustantivo ἄφεσις *aphesis*, es repetidamente usado por la Biblia griega o Septuaginta como traducción de יוֹבֵל «Jubileo» o «liberación» (v.g. Levítico).[31] y por Lucas 4:18-19 para referirse a la «libertad» de los cautivos y «liberación» de los oprimidos, cuando Jesús proclama el «**año de gracia del Señor**», también en alusión a los Años Sabáticos y el Jubileo, pero sin que se refiera a su celebración legal cada 7 o 50 años, sino como realización de la promesa mesiánica a partir de «hoy» (Lucas 4:21).[32]

Las diferentes versiones de la Vulgata, tradujeron en el padrenuestro en latín, *debita* (deuda) y *debitoribus* (deudores). Aunque en Mateo 6:14-15 Jesús habla de "ofensas" (παράπτωμα *parapyoma*), resulta[33] extraño que después de dos mil años varias Iglesias[34] resolvieran modificar al orar el versículo Mateo 6:12 y tratar de eliminar así la referencia explícita de Jesús al perdón de las deudas monetarias. De hecho la versión de Lucas 4:21 solicita el perdón de los pecados (αμαρτιας *amartias*), «porque también nosotros perdonamos a todo el que nos debe (οφειλοντι *ofeilonti*)». Ya Lucas 6:34-35 ha declarado que no es meritorio prestar a aquellos de quienes se espera recibir y ha reclamado la necesidad de «prestar sin esperar nada a cambio».

El padrenuestro, como el Año sabático y el Jubileo, une la voluntad de Dios y el perdón de los pecados, al perdón de las deudas monetarias o materiales y a la ayuda desinteresada al necesitado. Justo a continuación de la oración del padrenuestro en el Evangelio de Lucas, Jesucristo dice lo siguiente:

"Les dijo también: ¿Quién de vosotros que tenga un amigo, va a él a medianoche y le dice: Amigo, préstame tres panes, porque un amigo mío ha venido a mí de viaje, y no tengo qué ponerle delante; y aquel, respondiendo desde adentro, le dice: No me molestes; la puerta ya está cerrada, y mis niños están conmigo en cama; no puedo levantarme, y dártelos? Os digo, que aunque no se levante a dárselos por ser su amigo, sin embargo por su importunidad se levantará y le dará todo lo que necesite. Y yo os digo: Pedid, y se os dará; buscad, y hallaréis; llamad, y se os abrirá. Porque todo aquel que pide, recibe; y el que busca, halla; y al que llama, se le abrirá. ¿Qué padre de vosotros, si su hijo le pide pan, le dará una piedra? ¿o si pescado, en lugar de pescado, le dará una serpiente? ¿O si le pide un huevo, le dará un escorpión? Pues si vosotros, siendo malos, sabéis dar buenas dádivas a vuestros hijos, ¿cuánto más vuestro Padre celestial dará el Espíritu Santo a los que se lo pidan?" (Lc 11, 5-13).

En dicho texto se ve claramente cómo se identifica el perdón de una deuda material ("préstame tres panes") con el perdón de una ofensa espiritual ("vuestro Padre celestial dará el Espíritu Santo").

Islam[editar]

El islam es una de las grandes religiones del mundo. La figura de Isa (Jesús) es muy importante, es considerado el Mesías por el Corán y, al igual que el profeta Mahoma, "siervo de Alá", una categoría que implica el "estar vacío de sí mismo" (llenándose de Dios). Ellos consideran verdaderas sus enseñanzas, pero distorsionadas por los seguidores de Pablo de Tarso. La oración del padrenuestro la tienen como una gran frase dicha por un gran profeta.

El padrenuestro en credos crísticos no-nicenos[editar]

El término niceno se refiere a los grupos religiosos que se apegan a las conclusiones a las que llegó el Concilio de Nicea I y que están resumidas en el símbolo niceno, lo que en el catecismo romano se conoce como la oración del *credo*. La posición de las Iglesias tradicionales (católica, ortodoxa, protestantes históricas) es que quien no se apega a las doctrinas que derivaron del histórico Concilio no es cristiano, por otro lado hay organizaciones religiosas que se proclaman como cristianas y en algunos casos afirman que cualquier otra religión fuera de la suya no tiene carácter cristiano. La realidad es que la opinión más difundida es la de las Iglesias tradicionales, aunque dichas organizaciones han llegado a plantear argumentos interesantes para defender su carácter de cristianas.

- **Testigos de Jehová**: Hacen énfasis en que Jesús se refiere a que el nombre de Dios bajo su forma de Jehová debe ser difundido cuando pide que se santifique el nombre del Padre; la petición *«hágase tu voluntad en la tierra como en el cielo»* ellos la interpretan como la obligación de los creyentes de seguir lo que ellos llaman la *adoración verdadera*, es decir, su forma de adorar a Dios y difundirla tanto como les sea posible. La interpretación del resto de la oración tiene bastantes puntos de coincidencia con el catolicismo y con el protestantismo.

- **Judíos mesiánicos**: es una corriente muy diversa, encontrándose también grupos protestantes de judíos mesiánicos. Su interpretación del padrenuestro se ajustaría al protestantismo o al catolicismo en cada caso. Por otro lado, hay grupos dentro de esta corriente que rompen con lo estipulado en Nicea, como los autodenominados *natzratim*, que niegan la divinidad del *«mesías y hacen énfasis en traducir la oración al hebreo o al arameo, puesto que Yeshúa de Nazaret era judío y conocía las lenguas aramea y hebrea.*

Rasgos particulares de la oración en español[editar]

Una de las principales y más notorias diferencias entre la oración en español y otras traducciones es la fórmula *Venga a nosotros tu Reino*. Las palabras *a nosotros* fueron añadidas a la oración en español para evitar la ambigüedad de "venga" (tercera persona del presente del modo subjuntivo del verbo "venir") con "venga" (imperativo singular del verbo "vengar") [*cita requerida*]; compárese con el original griego «elthetō hē basileia sou» que se traduce como *llegue tu reinado*, o con la versión en latín «adveniat regnum tuum» que se lee en nuestra lengua *venga tu reino*. En lenguas modernas compárese con el inglés «Thy kingdom come» que quiere decir *venga tu reino*. La mayoría de las traducciones modernas de la Biblia al español han retirado el sintagma *a nosotros* de este texto. Sin embargo, la versión original en español que dice "venga a nosotros tu reino.." es similar a la usada por la Iglesia ortodoxa rusa (véase arriba). Ambas podrían derivar, a su vez, de una versión alternativa de esta frase dada en el Evangelio de Lucas 11, 2 en griego (..ἐφ ἡμᾶς ἐλθέτω σου ἡ βασιλεία....) que en inglés se interpreta como "... let thine kingdom come upon us...", frase que guarda una gran similitud con la versión tradicional en español.

En la quinta petición: *perdona nuestras ofensas como nosotros perdonamos a los que nos ofenden*, en la versión española se cambió el término *deudas* («opheilēmata» en el original griego, «debita» en latín, «debiti» en la oración italiana, «debts» en inglés), por el término *ofensas* («ofensas» en las versiones en portugués y gallego, «offenses» en francés, etc.). Este cambio apareja consecuencias teológicas no leves: En efecto, enseña el Catecismo Mayor que nuestros pecados se constituyen en verdaderas deudas que contraemos con Dios, destinatario final de nuestras transgresiones. Estas se componen de dos elementos: la ofensa que el pecador infiere a Dios y la pena a la que se hace acreedor como consecuencia.

Diferencias con el texto griego compartidas por otras traducciones[editar]

En lo referente a la llamada cuarta petición; *danos hoy nuestro pan de cada día*, desde las primeras traducciones ha sido difícil interpretar la palabra griega **ἐπιούσιον** «*epiousion*». Tradicionalmente fue traducida como "cotidiano" o "diario" y más recientemente "de cada día" o "necesario para la subsistencia".[44] Jerónimo en la Vulgata la tradujo como "supersustancial" en el Evangelio de Mateo y como "cotidiano" el texto que corresponde en el Evangelio de Lucas.

La oración dominical está basada en el texto de Mateo que aparece en la Vulgata, solo que la liturgia latina cambió la palabra *supersustancial* por el término *cotidiano*. Jerónimo conocía el llamado *Evangelio de los hebreos* (escrito en arameo) en el cual la palabra «*epiousion*» (que significa algo así como "mañanero", "del mañana") corresponde a la palabra «*mahar*» (*mañana* en arameo). Por tanto esta petición debería traducirse como «**nuestro pan del mañana dánoslo hoy**».[45] Al traducirse así, la oración alude al "alimento que permanece para la vida eterna" y no simplemente al pan perecedero (Juan 6:26-27,35-36) y lo que se pide es la comunión de la comunidad cristiana que anticipa y espera el banquete de la vida futura.[46] Así los Padres de la Iglesia aplican este texto al pan eucarístico.[44]

Danos hoy nuestro pan cotidiano. Traducen de acuerdo a la Vulgata, *danos hoy nuestro pan cotidiano*, varias versiones como: la francesa, «*notre pain quotidien*»; la italiana, «*nostro pane quotidiano*»; la inglesa, «*Give us this day our daily bread*»; la española, «*nuestro pan de cada día*», etc.

Nuestro pan del mañana dánoslo hoy. El idioma copto es actualmente una lengua muerta que se utiliza solamente en la liturgia de la Iglesia Copta (de Egipto). Esta Iglesia cuenta con traducciones del evangelio que fueron hechas en tiempos cercanos a los del cristianismo primitivo. Los coptos traducen en la cuarta petición del padrenuestro: *nuestro pan del mañana dánoslo hoy*. Los egipcios cristianos hacen su rezo cotidiano en árabe y en esta petición dicen «*hubzaná kafáfaná a 'iná l-yawmá*»; esta frase es una traducción del copto al árabe donde se refiere al *pan del mañana*. Esta traducción del padrenuestro al árabe por lo tanto es de las más fieles al griego en que fueron escritos los evangelios.

Agregado: «**júbzana kafáfana a'tina l-iaum**» en árabe habla de nuestro pan "suficiente" o "necesario", y no habla realmente del pan del mañana («*Kafi*» = *suficiente*; «*Kafaf*» = *suficiencia*).[47]

Usos no religiosos del padrenuestro[editar]

Sátira política[editar]

Durante la segunda mitad del siglo XVII, la creciente contestación a la dominación española en América se manifestó frecuentemente mediante la sátira política especialmente dirigida contra la institución católica del Tribunal del Santo Oficio de la Inquisición. La consecutiva represión que incrementó el descontento y el ejemplo de los revolucionarios franceses, provocaron una escalada en el empleo de la sátira que se extendió al ámbito de la liturgia religiosa dando origen al uso de la «oración pervertida». En este contexto, en 1799 se desarrolló en Nueva España un proceso con motivo de los autos formados por «unos versos que se denunciaron contra los gachupines glosando en ellos la oración *El padre nuestro*». Francisco Miranda y Pablo González Casanova recogen esa versión del «padre nuestro de los Gachupines» en su antología *Sátira anónima del siglo XVIII*. Para la investigadora María Águeda Méndez, este uso del padrenuestro es un ejemplo de ritual invertido en el cual «el que ha sido vehículo de culto divino se ha vuelto un discurso que se emplea para atacar o halagar a los mortales y para trastornar ordenamientos políticos y sociales».[48]

Cultura popular[editar]

- La expresión «padre nuestro» está contenida en numerosas obras literarias de autores creyentes y no creyentes. Poemas de Gloria Fuertes o Pablo Neruda,[49] entre otros, recurren al nombre o a la estructura de la oración como inspiración para sus composiciones.
- El poema *Los motivos del lobo* del poeta nicaragüense Rubén Darío, publicado en *Mundial Magazine* en 1913,[50] se inspiró en el capítulo XXI de las *Florecillas de San Francisco*, que narra la conversión del lobo de Gubbio por parte de Francisco de Asís. El poema finaliza con la frase: «El viento del bosque llevó su oración, que era: "padre nuestro que estas en los cielos..."».[50]
- La película *Padre nuestro* (1985), dirigida por Francisco Regueiro y con argumento sobre el mundo eclesiástico, fue premiada con el *Grand Prix des Amériques* en el festival de cine de Montreal.

- El cantautor español José Riaza lanzó en su álbum *Cualquier tiempo pasado* (2014) una nueva versión compuesta por Ramiro Ramírez.

Véase también[editar]

- Jesús de Nazaret
- Cristianismo
- Sermón del Monte
- Oración (religión)
- Catolicismo
  - Paráfrasis del padrenuestro
  - Rosario (catolicismo)
  - Avemaría
- Protestantismo
- Kadish

Notas[editar]

1. ↑ *Vulgata:* Veniat regnum tuum
2. ↑ *Vulgata:* Panem nostrum supersubstantialem da nobis hodie
3. ↑ *Lo que aparece entre paréntesis es el texto que se vierte en la Vulgata de San Jerónimo y es diferente del* **Paternoster** *del rito tridentino sólo en estas partes.*
4. ↑ *La petición consiste en que Dios sea paciente en no meternos en el desierto (la noche oscura, la pérdida de la Fe), como Jesús fue enviado al desierto por el Espíritu para ser tentado por el diablo (Lucas IV, 1. Mateo IV, I).*

Referencias[editar]

1. ↑ Real Academia Española. «padrenuestro». *Diccionario de la lengua española* (23.ª edición).
2. ↑ Según opina el padre Kondothra M. Georges, profesor del Seminario Teológico de Kottayam, Kerala (India) y sacerdote ordenado de la Iglesia Ortodoxa Siria de Malankara de Kottoyam. Consejo Mundial de Iglesias,*¿Cómo oraremos en el futuro?*, disponible en wcc-coe.org

3. ↑ Metropolitan Philaret "El modelo de oración cristiana", *La Ley de Dios*. Consultado el 12 de abril de 2014.
4. ↑ *Catecismo de la Iglesia Católica #2759*. Consultado el 26 de agosto de 2019.
5. ↑ Saltar a:[a] [b] Ratzinger, Joseph (2013). *Fe, verdad y tolerancia. El cristianismo y las religiones del mundo*. Salamanca: Ediciones Sígueme. pp. 123-126. ISBN 9788430118458.
6. ↑ Maria, Segura. «Paraíso de oración». Consultado el 9 de noviembre de 2018.
7. ↑ Jiménez Hernández, Emiliano (2006). *Padrenuestro: fe, oración y vida* (3ª edición). Madrid: Caparrós Editores. p. 29. ISBN 84-87943-58-6. «Esta disciplina del "arcano" prohibía divulgar la Oración del Señor entre los paganos y catecúmenos, hasta llegar a ser discípulos del Señor [...] como oración característica del cristiano, se enseñaba en la catequesis prebautismal [...] ».
8. ↑ «Ordo Missæ». *Missale Romanum ex decreto Sacrosancti Concilii Tridentini restitutum Summorum Pontificum cura recognitum.* (en (en latín)) (editio prima iuxta typicam edición). Turonibus: Sumptibus et typis Mame. 2 februarii 1962. Archivado desde el original el 15 de febrero de 2020. Consultado el 27 de febrero de 2017. «Orémus: Præcéptis salutáribus móniti, et divína institutióne formáti, audémus dícere: Pater noster ».
9. ↑ *Catecismo de la Iglesia Católica* 2760. Consultado el 22 de abril de 2013.
10. ↑ *Catecismo de la Iglesia Católica*; Cuarta Parte: La Oración Cristiana; Segunda Sección: La Oración del Señor: "padre nuestro"; 2855 La Doxología Final. Consultado el 22 de abril de 2013.
11. ↑ Ordinario de la misa; *Misas.org*. Consultado el 22 de abril de 2013.
12. ↑ Jeremias, Joachim (1965) *The Lord's Prayer*. Philadelphia, PA: Fortress Press.
13. ↑ Is the Doxology of the Lord's Prayer in Matthew 6:13 a late addition?; *kJV Today*. Consultada el 22 de abril de 2013.
14. ↑ *The Lord's Payer* en *The Catholic Encyclopedia, Volume IX. Ed. 1910. Nueva York, disponible en newadvent.org*
15. ↑ Número 2759: http://www.vatican.va/archive/catechism_sp/p4s2_sp.html
16. ↑ «La comisión episcopal cambia los textos de la misa y el padrenuestro.». *El País*.
17. ↑ S. Agustín, Epístola 130, c.12: PL 33, 502., Citando fuente el Catecismo de la Iglesia Católica, número 2762.

18. ↑ Tomás de Aquino, *Summa Theologica 2-2,83,9*

19. ↑ Catecismo de la Iglesia Católica, *apartado 2766 del CIC* en http://www.labibliaonline.com.ar/WebSites/LaBiblia/CATIC.nsf/0/12F0F44837C64D2883256959006DD163?OpenDocument Archivado el 27 de septiembre de 2007 en Wayback Machine. donde se explica que Jesús no desea la repetición automática de las oraciones.

20. ↑ En la Iglesia ortodoxa se explica lo siguiente: La línea superior que atraviesa esta cruz se dice que representa el sitio donde Jesús posó su cabeza y la línea que cruza la parte de abajo representa los pies perforados de Jesús y su intensa agonía.

21. ↑ La oración en español fue tomada del sitio del Obispo Alexander (fallecido en el año 2005), de la diócesis de la Iglesia Ortodoxa Rusa del Extranjero con sede en la ciudad de Los Ángeles, California

22. ↑ Esta versión se vierte a través de los sacerdotes que sirven a la Arquidiócesis Ortodoxa Antioquena de México, Venezuela, Centroamérica y el Caribe con sede en la Ciudad de México

23. ↑ Bernardo Hurault (2006) *Nuevo Testamento. Edición Pastoral.* Editorial Verbo Divino, p. 216

24. ↑ Saulnier, Christiane y Bernard Roland (1994) *Palestina en tiempos de Jesús.* Estella (Navarra): Editorial Verbo Divino, p. 21.

25. ↑ Baron, Salo Wittemayer (1952) *A Social and Religious History of Jews* New York: Columbia U.P. 2 ed. p.p. 262 s.s.

26. ↑ Baron, S.W. loc.ci.

27. ↑ Yoder, John H. (1972) *Jesús y la realidad política.* Downers Grover, Illinois USA: Ediciones Certeza, 1985, p.p. 53

28. ↑ 4Q169

29. ↑ 1QS

30. ↑ Flavio Josefo *Guerra de los Judíos* II, xvii

31. ↑ Yoder, John H. (1972) Op.cit. p.p. 50-51

32. ↑ Una exposición de la visión de Jesucristo sobre el Jubileo puede encontrarse en el capítulo 3 (p.p. 43 s.s.) del libro de André Trocmé *Jésus-Christ* et la révolution non-violente*; Genève: Labor et Fides.*

33. ↑ Hinkelammert, Franz J. 1987 «Reflexiones sobre la deuda externa de América Latina»; *Pasos* 14: 16-21. San José de Costa Rica: DEI.

34. ↑ Vidal, José Manuel 1999 Católicos, protestantes y ortodoxos adoptan un mismo padrenuestro *El Mundo*, Madrid, 17 de abril de 1999.

35. ↑ Kaufmann Kohler, *Abinu Malkenu*, artículo de *The Jewish Encyclopedia*, edición 1901-1906. Disponible el 13/11/2006 en «Copia archivada». Archivado desde el original el 29 de septiembre de 2007. Consultado el 14 de diciembre de 2006.

36. ↑ MyJewishLearning.com, *Liturgical Texts, Gleanings* Avinu Malkenu. *Artículo electrónico 13/11/2006 en «Copia archivada». Archivado desde el original el 13 de diciembre de 2006. Consultado el 13 de diciembre de 2006.*

37. ↑ David ben Israel, *Shalom: Brujim Havaim* Preguntas y respuestas: Padre nuestro en hebreo, *artículo electrónico 13/11/2006 http://www.aish.com/espanol/rabino/respuestas/543_avinu_malkeinu.asp Archivado el 17 de abril de 2008 en Wayback Machine.*

38. ↑ David ben Israel, *Shalom: Brujim Havaim, Preguntas y respuestas: Así como los cristianos tienen el padre nuestro; ¿cuentan los judíos con alguna oración que consideren la más importante?* artículo electrónico del 13/11/2006 en web aish.com:

...el padre nuestro de los cristianos, es el mismo padre nuestro de los judíos, pero reformado y adaptado a las ideas cristianas. (...)El padre nuestro que es recitado por los judíos en la sinagoga consta en todos los libros de oraciones. Solo que este padre nuestro recitado por los judíos desde tiempos de antaño va dirigido pura y exclusivamente a Dios.

39. ↑ Lisardo Cano, *UN RELIGIOSO INSULTA A JESUCRISTO POR INTERNET*, artículo electrónico 13/11/2006 en http://www.rtvamistad.tv/noticias/rtvamistad/021c6896270088404.html

40. ↑ Yehuda Ribco, *¿Cuál es el padre nuestro judío?*, artículo electrónico en su web web serjudio.com:

Por otra parte, no creo equivocarme al decirle que cada parte del idolátrico «padre nuestro» de boca de Jesús, ha sido tomado ilícitamente de fuentes judías puras, para trastocarlo y convertirlo en una invocación procaz. Es más, casi en su totalidad parece un plagio malintencionado del salmo 123, al cual se lo ha modificado y subvertido para darle el sentido que el presunto autor (Jesús) deseaba darle.

41. ↑ Carl M. Perkins, *Avinu Malkeinu The language of merciful Father can still speak to us on the Day of Judgment.*, artículo electrónico 13/11/2006 disponible en web myjewishlearning.com

42. ↑ Red EshTorá, *Para Reflexionar* Por qué los Judíos no creen en Jesús. *Artículo electrónico,*
13/11/2006 http://www.aish.com/espanol/para_reflexionar/por_que_los_judios.asp Archivado el 19 de octubre de 2006 en Wayback Machine.

43. ↑ Kaufmann Kohler, *The Lord's Prayer*. Artículo de *The Jewish Encyclopedia*, edición 1901-1906. Disponible en ed. digital Archivado el 30 de septiembre de 2007 en Wayback Machine.:

...hermosa combinación o selección de fórmulas de plegaria en circulación entre los ambientes Hasideanos... cuya primera y principal parte es una invocación a la venida del reino de Dios idéntica al rito del "addish" con el cual debe compararse para su entendimiento.

44. ↑ Saltar a:[a] [b] *Biblia de Jerusalén*: 1311, nota a Mateo 6:11.

45. ↑ Monferrer Sala, Juan Pedro (2006) "Buscando sentido a un texto entre dialectos arameos y árabe medio". *Boletín Real Academia de Córdoba, de Ciencias, Bellas Letras y Nobles Artes de Córdoba* 151: 269-295.

46. ↑ «Nuestro pan del mañana dánoslo hoy». Archivado desde el original el 11 de mayo de 2015. Consultado el 6 de junio de 2013.

47. ↑ El padre nuestro: Estudio Número 14: El Padre nuestro como referencia de la lengua Archivado el 10 de mayo de 2012 en Wayback Machine.; *Amamaterradio*.

48. ↑ Méndez, María Águeda (1991). «La oración pervertida en la inquisición novohispana». *Anales de literatura hispanoamericana* (Madrid: Ed. Universidad Complutense) (20): 65-70.

49. ↑ *Un Canto para Bolívar*, disponible en [1]

50. ↑ Saltar a:[a] [b] López, Ana María (1977). «Cinco poemas de Rubén Darío en Mundial Magazine». *Anales de literatura hispanoamericana* (6): 291-306. ISSN 0210-4547. Consultado el 30 de abril de 2018.

¿Qué comunica la oración del padre nuestro, para nuestro tiempo?

Henry Wilder Bueno Orellana

Esta oración epistolar, siempre significa algo para sus intérpretes los cristianos de todos los tiempos, es así que, para nuestro tiempo, creemos tiene que ver, principalmente con:

- El destierro de la guerra
- El destierro del hambre
- El destierro de la pobreza
- El destierro de la violencia

4 cosas con las que batallamos todos los días, desde nuestros frentes y que si estamos dispuestos a vencer, seremos capaces de librarnos de las ataduras del pecado y de la muerte.

Por eso esta oración esta en el corazón de las almas santas, que nos antecedieron y estará, impregnada en las siguientes generaciones, por los siglos de los siglos.

Las parábolas

La **parábola** designa una forma literaria que consiste en un relato figurado del cual, por analogía o semejanza, se deriva una enseñanza relativa a un tema que no es el explícito. Es, en esencia, un relato simbólico o una comparación basada en una observación verosímil.

La parábola tiene un fin didáctico y podemos encontrar un ejemplo de ella en los evangelios cristianos, donde Jesús narra muchas parábolas como enseñanzas al pueblo.

Índice

Etimología[editar]

El término "parábola" significa comparación (o semejanza), el nombre dado por los rectores griegos a toda ilustración ficticia en la forma de una breve narración. Más adelante pasó a conocerse como narrativa ficticia, aludiendo generalmente a algo que puede ocurrir de forma natural, y por el cual se precisan asuntos morales y espirituales.

Historia[editar]

Las parábolas se caracterizan por la expresión de conceptos espirituales. La forma más conocida de parábola en el cristianismo es la *Biblia*, que alberga muchas parábolas. Además de las ya familiares parábolas de Jesucristo en el *Nuevo Testamento*, como aquella del buen samaritano y del hijo pródigo. Dos parábolas en el *Antiguo Testamento* son las del cordero, narradas por Nathan (2 Samuel 12:1-9), y la de la mujer de Tekoah (2 Samuel 14:1-13).

También en la *Biblia* se encuentra la *Parábola del siervo cruel*, que narra la historia de un siervo que no está dispuesto a perdonar las deudas que sus vasallos mantenían con él, pero sí en cambio esperaba a que Dios le eximiera de sus errores. La parábola apunta, sobre todo, a que si fue la voluntad divina la de perdonar al deudor, este ha de ser igual de tolerante con quienes cometen el mismo error. Cuando el siervo castiga a sus vasallos, ordenando su arresto y ejecución, Dios se enfurece y multiplica el castigo por "siete veces siete".

La exégesis bíblica medieval tendía a tratar las parábolas de Jesús como alegorías detalladas, con correspondencias simbólicas encontradas para cada elementos en las narrativas breves. Los críticos modernos sostienen estas interpretaciones como inapropiadas e insostenibles.

Recientemente ha habido un interés en la parábola contemporánea, explorando cómo las historias modernas pueden ser concebidas como parábolas. Una parábola contemporánea de mitad del siglo XIX es la *Parábola de la ventana rota*, que expone una falacia en el pensamiento económico.[123]

Características de la parábola[editar]

Una parábola es una de las formas más simples de la narrativa. Evoca a un ambiente, y describe una acción y sus resultados. A menudo involucra a un personaje que se enfrenta a un dilema moral, o realiza una acción cuestionable, para luego sufrir las consecuencias de esa elección. Muchos folclores pueden ser vistos como parábolas.

La parábola prototípica difiere del apólogo, en cuanto es una historia probable y realista -una que tiene lugar en algún ambiente familiar de la vida. Muchos cuentos de hadas pueden ser considerados como parábola extendidas, excepto por su entorno mágico.

Al igual que la fábula, la parábola suele narrar una acción simple, singular y consistente, sin detalles extraños ni circunstancias que conlleven a la distracción. En *La República* de Platón, las parábolas, como las que aluden a las sombras en la caverna, engloban un argumento abstracto en una narrativa más concreta y fácilmente asequible.

En el prefacio a su traducción de las *Fábulas de Esopo*, George Fyler Townsend definió "parábola" como "el uso designado del lenguaje con el propósito intencionado de convenir un significado oculto y secreto, más que el que contienen las palabras en sí mismas, y que puede o no portar una referencia especial al oyente o lector."

Una parábola es como una metáfora que ha sido extendida para conformar una ficción breve y coherente. A diferencia de la situación que se presenta con un símil, el significado paralelo de la parábola es silencioso e implícito, aunque no secreto de forma ordinaria.

Si bien las parábolas a menudo poseen un subtexto prescriptivo fuerte, sugiriendo cómo se debe comportar o cómo debe creer una persona, muchas parábolas simplemente exploran un concepto desde un punto de vista neutral. Lejos de proveer una guía y sugerencias de la acción correcta en la vida, las parábolas ofrecen un lenguaje metafórico que le permite a la gente discutir más fácilmente ideas difíciles o complejas.

La parábola y la alegoría suelen ser tratadas como sinónimos, pero fueron bien diferenciadas por H.W. Fowler en *Modern English Usage* (Uso moderno del inglés): "El objeto en cada una es iluminar al oyente presentándole un caso en el que aparentemente no estaba interesado, y sobre el cual deberá obtener un juicio desinteresado de su parte". Provoca, en otras palabras, que el lector u oyente caiga en la cuenta de que la conclusión se aplica bien de igual forma a sus propias preocupaciones. La parábola, sin embargo, es más condensada que la alegoría: un solo principio viene a portar, del que se deducirá una sola moral.

Entre algunos ejemplos de parábola encontramos *El hombre ciego y el cojo*, *El rey y los escribanos*, y *El borracho* de Ignacy Krasicki.

Las características generales de la parábola son:

- Se escribe en prosa y pertenece al género épico.
- Su extensión es variable.
- Utiliza gran cantidad de metáforas.
- Tiene un carácter moralizante o didáctico.
- Evoca un ambiente y describe una acción y sus resultados.
- Los personajes que participan en la parábola son seres humanos que se enfrentan a un dilema moral, o realizan una acción cuestionable, para luego sufrir las consecuencias de esa elección.
- Son relatos que simulan la realidad y hablan de acontecimientos cotidianos.
- Narra una acción simple, singular y consistente, sin detalles extraños ni circunstancias que conlleven a la distracción.

Véase también[editar]

- Alegoría
- Metáfora
- Fábula

Referencias[editar]

1. ↑ Mena, Rafael Bautista (2012). *Incertidumbre y riesgos en decisiones financieras*. Ecoe Ediciones. ISBN 9789586489157. Consultado el 10 de noviembre de 2018.
2. ↑ Murphy, Robert P. (2014). *GUÍA POLÍTICAMENTE INCORRECTA DEL CAPITALISMO*. INNISFREE. ISBN 9781909870079. Consultado el 10 de noviembre de 2018.
3. ↑ País, Ediciones El (8 de junio de 2006). «Entrevista | "La gran parábola contemporánea es el miedo al otro"». *El País*. ISSN 1134-6582. Consultado el 10 de noviembre de 2018.

Bibliografía[editar]

- Fowler, Henry Watson. *Modern English Usage*, Oxford, Clarendon Press, 1958.
- Townsend, George Fyler. Prefacio del traductor a *Aesop's Fables*, Belford, Clarke & Co., 1887.

Enlaces externos[editar]

- Wikcionario tiene definiciones y otra información sobre **parábola**.
- Definición de parábola y su aplicación en el *Nuevo Testamento*
- Literatura sapiencial y parábolas evangélicas
- Trebolle Barrera, Julio. Biblia y la literatura occidental: el vínculo judío. Universidad Complutense de Madrid. Sobre los recursos literarios de uso común en la literatura bíblica.
- Lista de 120 parábolas

Las **parábolas de Jesús** son aquellas breves narraciones dichas por Jesús de Nazaret que encierran una educación moral y religiosa, revelando una verdad espiritual de forma comparativa.

La parábola es un relato religioso corto que es fácil de comprender y brinda verdad espiritual.

No son fábulas, pues en estas no intervienen personajes animales con características humanas, ni alegorías, pues se basan en hechos u observaciones creíbles de la naturaleza, teniendo la mayoría de estos elementos de la vida cotidiana. Las parábolas se encuentran contenidas en los evangelios sinópticos, tres de los cuatro evangelios canónicos (en concreto el de Mateo, el de Marcos y el de Lucas), aunque también se pueden encontrar en algunos evangelios apócrifos, como el de Tomás y el de Santiago.

Las parábolas son quizás el elemento más característico de la doctrina de Jesucristo consignada en los Evangelios. En su conjunto, a pesar de los retoques que hubieron de experimentar en el curso de su transmisión, presentan el sello de una personalidad bien definida. Su impacto sobre la imaginación hizo que se fijaran en la memoria y les procuró un lugar seguro en la tradición. Ninguna otra parte del relato evangélico tiene para el lector un tono más claro de autenticidad.[1]

Charles Harold Dodd

La finalidad de las parábolas de Jesús es enseñar cómo debe actuar una persona para entrar al Reino de los Cielos y, en su mayoría, revelan también sus misterios. En ocasiones Jesús usó las parábolas como armas dialécticas contra líderes religiosos y sociales, como por ejemplo la Parábola del fariseo y el publicano y la Parábola de los dos hijos. En la Biblia se encuentran los siguientes textos titulados Propósito de las parábolas: Mateo 13:10-17,[2] Marcos 4:10-12[3] y Lucas 8:9-10.[4]

Jesús dice que enseña usando parábolas para que comprendan su mensaje solo aquellos que han aceptado a Dios en su corazón y para que los que tienen "endurecidos sus corazones" y han "cerrado sus ojos" no puedan entender. Por lo tanto comprender el mensaje de Jesús significaría ser un verdadero discípulo suyo y no entenderlo supone que no se está realmente comprometido con Él y por ende no podemos recibir su ayuda ni la de su mensaje.[5] Existen algunos debates sobre si este es el significado original del uso de las parábolas o si en realidad fue agregado por Marcos para reforzar la fe de sus lectores, tal vez cuando se vio perseguido.[6] Esta explicación parece ser esencial para comprender del todo el mensaje real de las parábolas de Jesús, ya que deja claro que es necesario tener fe en Él para entenderlas, o de otro modo se ven confusas.[7]

Índice

Raíces y fuentes[editar]

Como traducción de la palabra hebrea מָשָׁל *mashal*, la palabra "parábola" también puede referirse a un acertijo. En todas las épocas de su historia los judíos estaban familiarizados con la enseñanza por medio de parábolas y también existen varias parábolas en el Antiguo Testamento.[8] El uso de parábolas por parte de Jesús fue, por tanto, un método de enseñanza natural que encajaba en la tradición de su tiempo.[9] Las parábolas de Jesús han sido citadas, enseñadas y discutidas desde los mismos inicios del cristianismo.

Naturaleza de las parábolas[editar]

Las parábolas son una de las muchas formas literarias de la Biblia, pero se ven especialmente en los evangelios del Nuevo Testamento. Las parábolas son generalmente consideradas como historias cortas, como la del Buen Samaritano, y se diferencian de las afirmaciones metafóricas como "Vosotros sois la sal de la tierra"[10]. Una verdadera parábola puede considerarse como un símil extendido.[11] Adolf Jülicher consideraba las parábolas como metáforas ampliadas con una parte de imagen (*Bildhälfte*), una parte de realidad (*Sachhälfte*) y un punto de comparación (tertium comparationis) entre la parte de imagen y la parte de realidad.[12] Por ejemplo, la siguiente parábola ilustra el enfoque de Jülicher:

¿A qué, pues, compararé los hombres de esta generación, y a qué son semejantes? Semejantes son a los muchachos sentados en la plaza, que dan voces unos a otros y dicen: Os tocamos flauta, y no bailasteis; os endechamos, y no llorasteis.

Parábola de Jesús[13]

Aunque algunos sugieren que las parábolas son esencialmente alegorías extendidas, otros argumentan enfáticamente lo contrario.[14] El Dr. Kenneth Boa afirma que:

Las parábolas son figuras de comparación extendidas que a menudo utilizan historias cortas para enseñar una verdad o responder a una pregunta. Aunque la historia de una parábola no es histórica, es fiel a la vida, no es un cuento de hadas. Como forma de literatura oral, la parábola explota situaciones realistas pero hace un uso eficaz de la imaginación... Algunas de las parábolas [de Cristo] fueron diseñadas para revelar misterios a los de adentro y para ocultar la verdad a los de afuera que no querían escuchar.

Evangelios canónicos[editar]

Artículo principal: Evangelios canónicos

Los tres evangelios sinópticos contienen las parábolas de Jesús. Cada vez son más los estudiosos que encuentran también parábolas en el Evangelio de Juan, como las pequeñas historias del Buen Pastor (Juan 10:1-5) o la de la mujer que da a luz (Juan 16:21). Por lo demás, el Juan incluye alegorías pero no parábolas. Varios autores como Barbara Reid, Arland Hultgren o Donald Griggs comentan que "las parábolas están notablemente ausentes del Evangelio de Juan".[15][16][17][18]

William Barry afirma en la *Enciclopedia Católica* (1913) "No hay parábolas en el Evangelio de San Juan. En los sinópticos ... se cuentan treinta y tres en total; pero algunos han elevado el número incluso a sesenta, al incluir expresiones proverbiales".[19]

El Evangelio de Lucas contiene tanto el mayor número total de parábolas (24) como dieciocho parábolas únicas; el Evangelio de Mateo contiene 23 parábolas de las cuales once son únicas; y el Evangelio de Marcos contiene ocho parábolas de las cuales dos son únicas.

En *Armonía de los Evangelios*, Cox y Easley proporcionan una armonía evangélica para las parábolas basada en los siguientes recuentos: En Mateo: 11, en Marcos: 2, en Lucas: 18, Mateo y Lucas: 4, Mateo, Marcos y Lucas: 6. No enumeran ninguna parábola para el Evangelio de Juan.[20]

Otros documentos[editar]

Las parábolas atribuidas a Jesús se encuentran también en otros documentos aparte de la Biblia. Algunas de ellas se superponen a las de los evangelios canónicos y otras no forman parte de la Biblia. El Evangelio de Tomás, no canónico, contiene hasta quince parábolas, once de las cuales tienen paralelos en los cuatro Evangelios canónicos. El desconocido autor del Evangelio de Tomás no tenía una palabra especial para "parábola", por lo que es difícil saber qué consideraba una parábola.[21][22] Entre las exclusivas de Tomás se encuentran la Parábola del asesino y la Parábola de la jarra vacía.

El Apócrifo de Santiago no canónico también contiene tres parábolas únicas atribuidas a Jesús.[23] Se conocen como "La parábola de la espiga", "La parábola del grano de trigo" y "La parábola del brote de palmera datilera".[24]

El hipotético documento Q se considera una fuente para algunas de las parábolas de Mateo, Lucas y Tomás.[25]

Finalidad y motivo[editar]

En el Evangelio de Mateo (13:10-17) Jesús da una respuesta cuando se le pregunta sobre su uso de las parábolas:Mateo 13:10-17Marco 4:10-12Lucas 8:9-10

Entonces sus discípulos le preguntaron qué significaba esta parábola. Les dijo: "A vosotros se les ha dado a conocer los secretos del reino de Dios; pero a los demás les hablo en parábolas, para que "mirando no perciban, y escuchando no entiendan".

Si bien tanto el texto de Mateo (13:34) como el de Marcos (4:33) parecen indicar que Jesús sólo hablaba a las "multitudes" en parábolas, mientras que en privado explicaba todo a sus discípulos, los estudiosos modernos no apoyan el argumento de las explicaciones privadas y conjeturan que Jesús utilizó las parábolas como método de enseñanza.[26] Dwight Pentecost sugiere que, dado que Jesús predicaba a menudo a un público mixto de creyentes y no creyentes, utilizaba las parábolas para revelar la verdad a algunos, pero ocultarla a otros.[27]

El obispo anglicano de Montreal, Ashton Oxenden, sugiere que Jesús construyó sus parábolas basándose en su conocimiento divino de cómo se puede enseñar al hombre:

Este era un modo de enseñar, que nuestro bendito Señor parecía deleitarse especialmente en emplear. Y podemos estar seguros de que, como "Él conocía lo que había en el hombre" mejor que nosotros, no habría enseñado por medio de parábolas, si no hubiera sentido que éste era el tipo de enseñanza más adecuado para nuestras necesidades.Oxenden, 1864, p. 1

En el siglo XIX, Lisco y Fairbairn afirmaron que en las parábolas de Jesús, *la imagen tomada del mundo visible va acompañada de una verdad del mundo invisible (espiritual)* y que las parábolas de Jesús no son *meras similitudes que sirven para ilustrar, sino que son analogías internas donde la naturaleza se convierte en testigo del mundo espiritual.*[28]

Asimismo, en el siglo XX, llamando a una parábola "una historia terrenal con un significado celestial",[29] William Barclay afirma que las parábolas de Jesús utilizan ejemplos familiares para conducir la mente de los hombres hacia conceptos celestiales. Sugiere que Jesús no formó sus parábolas meramente como analogías, sino que se basó en una *afinidad interna entre el orden natural y el espiritual* [29]

Temas[editar]

Una serie de parábolas que son adyacentes en uno o más evangelios tienen temas similares. La parábola de la levadura sigue la parábola del grano de mostaza en Mateo y Lucas, y comparte el tema del Reino de los Cielos que crece de pequeños comienzos.[30] La parábola del tesoro escondido y la parábola de la perla forma una pareja que ilustra el gran valor del Reino de los Cielos, y la necesidad de una acción en la consecución de la misma.[31]

Las parábolas de la oveja perdida, de la moneda perdida, y del hijo pródigo forman un trío en Lucas que tratan acerca de la pérdida y la redención.[32]

La parábola del siervo fiel y la parábola de las diez vírgenes en Mateo, adyacentes, involucran a la espera de un novio, y tienen un tema escatológico: estar preparados para la hora del juicio.[33] La parábola de la cizaña,[34] la parábola del rico insensato,[35] la parábola del árbol de higo,[36] y la parábola de la higuera estéril[37] también tienen temas escatológicos.

Otras parábolas independientes, como la parábola del siervo inútil, que trata de perdón,[38] la parábola del Buen Samaritano, que trata de amor práctico,[39] y la parábola del siervo vigilante, frente a la persistencia en la oración.[40]

Referencias[editar]

1. ↑ Dodd, C. H. (2001). *Las parábolas del Reino* (2ª edición). Madrid: Ediciones Cristiandad. p. 21. ISBN 84-7057-435-3.
2. ↑ «Mateo 13:10-17 versión Reina-Valera 1960 (*ver también en otras versiones*)». Consultado el 26 de julio del 2009.
3. ↑ «Marcos 4:10-12 versión Reina-Valera 1960 (*ver también en otras versiones*)». Consultado el 26 de julio del 2009.
4. ↑ «Lucas 8:9-10 versión Reina-Valera 1960 (*ver también en otras versiones*)». Consultado el 26 de julio del 2009.
5. ↑ Kilgallen p.84
6. ↑ Kilgallen p.85
7. ↑ Kilgallen p.86
8. ↑ Bacher, 1905, pp. 512-514.
9. ↑ Perkins, 2007, p. 105.
10. ↑ Reina Valera (1960). «Mateo 5:13». *La Biblia*. Consultado el 04-12-2021.
11. ↑ Blomberg, 2009.
12. ↑ Jülicher, 1888.
13. ↑ Reina Valera (1960). «Lucas 7:31-32». *La Biblia*. Consultado el 04-12-2021.
14. ↑ Kulikovsky, Andrew S. "La interpretación de parábolas, alegorías y tipos". Hermenéutica bíblica. Consultado el 25 de septiembre de 2015
15. ↑ Reid, 2001, p. 3.
16. ↑ Hultgren, 2000, p. 2.
17. ↑ Griggs, 2003, p. 52.

18. ↑ Barry 1911 declara "No hay parábolas en el Evangelio de San Juan", y von Hügel 1911 declara "Aquí la enseñanza de Jesús no contiene parábolas y sólo tres alegorías, los sinópticos la presentan como parabólica de principio a fin".
19. ↑ Barry, 1911.
20. ↑ Cox y Easley, 2006, p. 348.
21. ↑ Scott, 1989, pp. 33-34.
22. ↑ El número real de parábolas en Tomás es fluido. John Dominic Crossan cuenta con 15, Ron Cameron 14 y Bernard Brandon Scott 13. Ver también Crossan 1992 y Cameron 1986
23. ↑ Koester, 2013, p. 196-200.
24. ↑ Cameron, 2004, pp. 8-30.
25. ↑ Theissen y Merz , 1998, p. 339.
26. ↑ Harris, 2003.
27. ↑ Pentecost, 1998, p. 10.
28. ↑ Lisco, 1846, pp. 9-10.
29. ↑ Saltar a:[a] [b] Barclay, 1999, p. 12.
30. ↑ Ben Witherington, *Women in the Ministry of Jesus: A study of Jesus' attitudes to women and their roles as reflected in his earthly life*, Cambridge University Press, 1987, ISBN 0-521-34781-5, p. 40–41.
31. ↑ John Nolland, *The Gospel of Matthew: A commentary on the Greek text*, Eerdmans, 2005, ISBN 0-8028-2389-0, pp. 565–566.
32. ↑ Richard N. Longenecker, *The Challenge of Jesus' Parables*, Eerdmans, 2000, ISBN 0-8028-4638-6, pp. 201–204.
33. ↑ R. T. France, *The Gospel According to Matthew: An introduction and commentary*, Eerdmans, 1985, ISBN 0-8028-0063-7, pp. 348-352.
34. ↑ R. T. France, *The Gospel According to Matthew: An introduction and commentary*, Eerdmans, 1985, ISBN 0-8028-0063-7, p. 225.
35. ↑ John Clifford Purdy, *Parables at Work*, Westminster John Knox Press, 1986, ISBN 0-664-24640-0, pp. 41-43.
36. ↑ Bernard Brandon Scott, *Hear Then the Parable: A commentary on the parables of Jesus*, Fortress Press, 1989, ISBN 0-8006-2481-5, pp. 338-340.
37. ↑ Peter Rhea Jones, *Studying the Parables of Jesus*, Smyth & Helwys, 1999, ISBN 1-57312-167-3, pp. 123-133.

38. ↑ Craig S. Keener, *A Commentary on the Gospel of Matthew*, Eerdmans, 1999, ISBN 0-8028-3821-9, pp. 456–461.

39. ↑ Joel B. Green, *The Gospel of Luke*, Eerdmans, 1997, ISBN 0-8028-2315-7, p. 432.

40. ↑ I. Howard Marshall, *The Gospel of Luke: A commentary on the Greek text*, Eerdmans, 1978, ISBN 0-8028-3512-0, pp. 462–465.

ANEXO

Test del Momento

Instrucciones

Escucha atentamente las caracteristicas alfanuméricas y signolinguisticas mencionadas por el instructor. Coloca tus datos en la hoja; nombres completos, sexo y edad.

1. Pollo
2. Chancho
3. Gallina
4. Elefante
5. Caballo
6. Perro
7. Paloma
8. Conejo
9. Pejerrey
10. Salmon
11. Trucha
12. Oso

13. Cebra
14. Hormiga
15. Araña
16. Gato
17. Gallo
18. León
19. Tigre
20. Puma

yes
I want morebooks!

Buy your books fast and straightforward online - at one of world's fastest growing online book stores! Environmentally sound due to Print-on-Demand technologies.

Buy your books online at
www.morebooks.shop

¡Compre sus libros rápido y directo en internet, en una de las librerías en línea con mayor crecimiento en el mundo! Producción que protege el medio ambiente a través de las tecnologías de impresión bajo demanda.

Compre sus libros online en
www.morebooks.shop

info@omniscriptum.com
www.omniscriptum.com

Printed by Books on Demand GmbH, Norderstedt / Germany